함께 떠나는

우킹토킹

여행
영어

SY 언어개발팀 저

Samyoung Publishing House

함께 떠나는 **워킹토킹**
여행 영어

2012년 6월 20일 개정판 1쇄 발행
2018년 2월 20일 개정판 8쇄 발행

저 자 SY 언어개발팀
펴낸이 정정례
펴낸곳 삼영서관
디자인 디자인클립

주소 서울 동대문구 황물로 65-3 1F
전화 02) 2242-3668   팩스 02) 2242-3669
홈페이지 www.sysk.kr
이메일 syskbooks@naver.com
등록일 1978년 9월 18일
등록번호 제1-261호

ISBN 978-89-7318-357-9 13740

책값 9,500원(MP3 CD 포함)

* 파본은 교환하여 드립니다.

워킹토킹
Preface

해외여행의 진정한 동반자!!

요즘은 해외여행이 많이 보편화되어 신혼여행, 배낭여행, 어학연수, 가족여행 등등… 목적은 서로 다르지만 해외여행의 기회가 훨씬 많아졌다. 여행사를 통한 패키지 여행도 많지만, 배낭여행이 주류를 이루고 있는 요즈음 가이드에게 모든 걸 맡기지 않고 스스로 직접 말해야 할 필요성이 더욱 커졌다.

이제 관광은 보는 것만으로 만족할 수 없다. 직접 만져보고, 모르는 것은 스스로 물어서 알아내자. 사진 많이 찍어 오는 것? 관광기념품 많이 사오는 것? 그곳 사람들과 한 마디라도 나누면서 직접 문화적 체험을 해보는 것이 더욱 뜻깊은 여행이 아닐까 싶다.

이 책은 여행자들의 그런 이국적 체험이 가능하도록 비행기를 타는 순간부터 집으로 돌아오기까지의 모든 상황에서 쓸 수 있는 어휘와 회화 문장을 찾기 쉽게 실어 놓았다. 이 여행영어 한 권이 현지에서의 당혹감으로부터 여러분을 해방시켜 줄 것이다.

보라. 쓰라. 한 손에 들고 있다고 여행영어가 모두 내 것은 아니다. 직접 펼쳐서 이모저모로 쉽게 써먹을 수 있는 진정한 여행의 길잡이가 될 이 책을 손에 쥐고 함께 떠나자!

Contents

머리말
목차

● **여행정보 미리보기**

여권과 비자 만들기 **8** ● 공항 도착에서 출국까지 **11** ● 여행 준비물 **17**

● **기본표현**

인사 **20** ● 대답 **22** ● 감사 **24** ● 사과 **25** ● 말을 걸 때 **26**
부탁할 때 **27** ● 다시 물어볼 때 **29** ● 허락을 구할 때 **30**
물어볼 때 **32** ● 요구할 때 **34** ● 긴급시의 표현 **35**

● **출국 · 기내**

기내에서 **38** ● 기내 서비스를 요청할 때 **45**
기내에서 몸이 불편할 때 **50**

● **도착 · 입국**

비행기를 갈아탈 때 **54** ● 입국심사 **58** ● 수하물 찾기 **62**
세관 신고 **66** ● 환전 **69** ● 관광 안내소 **72**

● **호텔**

예약 **76** ● 체크인 **79** ● 호텔 서비스 **82** ● 호텔에서의 문제 **89**
호텔 시설 이용 **92** ● 체재기간 변경과 체크아웃 **97**

● **교통수단**

거리에서 길을 물을 때 **104** ● 택시 **107** ● 버스 **110**
열차와 지하철 **115** ● 렌트카 **123** ● 드라이브 **128**

식사

레스토랑 찾기 132 • 레스토랑 예약 134 • 레스토랑에서 137
불만 142 • 패스트푸드점 145 • 카페 147 • 바(Bar) 148
나이트클럽 150 • 계산하기 151

쇼핑

상점·매장을 찾을 때 156 • 옷 160 • 화장품 167 • 귀금속 170
가죽제품 173 • 면세점 176 • 계산하기 178 • 반품과 환불 181

전화·우편

전화 186 • 국제전화 190 • 우편 194

관광

관광 안내소 200 • 관광지 205 • 사진 207
미술관·박물관 209 • 연극 213 • 스포츠 관전 217

긴급사태

분실·도난 224 • 병원 229 • 약국 237 • 교통사고 238

귀국

예약 재확인·출국심사 244

핵심 단어 모음

함께 떠나는 워킹토킹

여행 영어

여행정보 미리보기

여권과 비자 만들기 **8**
공항 도착에서 출국까지 **11**
여행 준비물 **17**

여권과 비자 만들기

1_여권 만들기

여권이란 간단히 말해 한국인의 신분증이다. 다시 말하면 해외여행을 위해 외국으로 떠나는 사람에게 정부가 여행을 허가해 준 허가증이며, 여행 중 한국인임을 증명할 수 있는 신분증명서이다.

여권은 출국 수속과 비행기를 탈 때, 현지 입국과 귀국 수속 때, 여행자 수표를 현지 화폐로 환전할 때, 면세품을 구입할 때, 렌터카를 임대하거나 호텔에 투숙할 때, 해외여행 중 한국으로부터 송금된 돈을 찾을 때 등에 반드시 제시하여야 하며 신분증 역할을 하므로 해외여행 내내 소지하고 다녀야 한다.

해외여행 중 여권을 분실하였을 경우에는 가까운 대사관 또는 총영사관에 여권 분실신고를 하고 여행증명서나 단수여권을 발급받아야 한다.

현재는 여권 위·변조 및 여권 도용 억제를 통해 여권의 보안성을 극대화하고, 궁극적으로 해외를 여행하는 우리 국민들의 편의를 증진시키기 위해 전자여권이 도입되었다. 전자여권(ePassport, electronic passport)이란, 비첩촉식 IC칩을 내장하여 바이오인식정보(Biometric data)와 신원정보를 저장한 여권을 말한다.

 여권 발급 시 필요한 서류

1. 여권발급신청서
2. 여권용 사진 1매(※긴급 사진부착식 여권 신청시에는 2매 제출)
3. 신분증
4. 재외공관에서의 신청 경우 : 주재국의 체류허가서(입국비자 등)
5. 18세 이상 35세 이하 남자의 경우(군미필자 및 군복무를 마치지 아니한 자)
   - 국외여행허가서(25세 이상 35세 이하)
   - 기타 병역 관계 서류
6. 미성년자(18세 미만)의 경우
   - 여권 발급동의서(동의자가 직접 신청하는 경우 생략)
   ※ 동의자(부모, 친권자, 후견인 등 법정대리인) 작성

2_비자 만들기

여비자는 방문하고자 하는 상대국의 정부에서 입국을 허가해주는 일종의 허가증이다. 이것이 없을 경우 입국을 거부당한다. 여행계획을 세우고 방문국가가 결정되면 방문하고자 하는 나라에서의 비자 필요여부를 꼭 확인해야 한다.

비자가 필요한 국가들 중에는 방문 목적에 따라, 체류기간이 다를 수도 있고, 요구하는 구비서류가 다른 경우가 있다.

최근 우리나라는 많은 나라들과 비자 면제 협정을 맺고 있으며, 이들 국가들은 단기간의 여행시에는 비자가 필요치 않으나, 허용하는 기간을 초과하여 체류할 때에는 반드시 체류목적에 맞는 비자를 받아야 한다.

비자에는 입국의 종류와 목적, 체류기간 등이 명시되어 있으며, 여권의 사증에 스탬프나 스티커를 붙여 발급하게 된다. 사증발급은 재외 한국대사관이나 총영사관에 신청하여야 한다.

비자 면제협정 체결국가 현황

(2009년 9월 1일 현재)

적용대상	국가명		
외교관(3개국)	우크라이나(90일), 우즈베키스탄(60일), 투르크메니스탄(30일)		
외교관 / 관용 (24개국)	필리핀(무제한), 파라과이(90일), 이란(3개월), 몽골(30일), 베냉(90일), 베트남(90일), 에콰도르(외교:업무수행기간, 관용:3개월), 사이프러스(90일), 벨리즈(90일), 이집트(90일), 파키스탄(3개월), 일본(3개월), 크로아티아(90일), 우루과이(90일), 인도(90일), 아르헨티나(90일), 러시아(90일), 알제리(90일), 벨라루스(90일), 아제르바이잔(30일), 캄보디아(60일), 카자흐스탄(90일), 방글라데시(90일), 라오스(90일)		
외교관 / 관용 / 일반	30일(1개국)	튀니지	
	60일(2개국)	포르투갈, 레소토	
	90일 (60개국)	아주지역 (4개국)	태국, 싱가포르, 뉴질랜드, 말레이시아
		미주지역 (24개국)	바베이도스, 바하마, 코스타리카, 콜롬비아, 파나마, 도미니카(공), 도미니카(연), 그레나다, 자메이카, 페루, 아이티, 세인트루시아, 세인트키츠네비스, 브라질, 세인트빈센트그레나딘, 트리니다드토바고, 수리남, 안티

외교관 / 관용 / 일반	90일 (60개국)	구주지역 (29개국)	구아바부다, 니카라과, 엘살바도르, 멕시코, 칠레, 과테말라, 베네수엘라(외교·관용:30일, 일반:90일)
			쉥겐국(25개국 중 슬로베니아 제외) 그리스, 오스트리아(외교·관용:180일), 스위스, 프랑스, 네덜란드, 벨기에, 룩셈부르크, 독일, 스페인, 몰타, 폴란드, 헝가리, 체코, 슬로바키아, 이탈리아, 라트비아 리투아니아, (이하 180일 중 90일) 에스토니아, 핀란드, 스웨덴, 덴마크, 노르웨이, 아이슬랜드 (포르투갈은 60일에 해당)
			비쉥겐국 리히텐슈타인, 영국, 아일랜드, 불가리아, 루마니아, 터키
		중동·아프리카지역	(3개국) 모로코, 라이베리아, 이스라엘

▶ 캐나다 : 상호합의에 의거 6개월간 사증면제(협정 미체결, 1998.4.10)
▶ 파키스탄 : 2001.10.1부터 일반여권 소지자에 대한 사증면제 일시중지 상태
▶ 방글라데시 : 2008.7.15일자로 일반여권 소지자에 대한 사증면제협정 일시정지
▶ 이탈리아 : 협정상의 체류기간은 60일이나 상호주의로 90일간 체류기간 부여 (2003.6.15)
▶ 일본 : 일반은 구상서 교환에 의한 90일간 사증면제 (외교·관용은 사증면제협정 체결)
▶ 우크라이나 : 우리국민에 대한 일방적 사증면제(2006.6.24부 발효), 우크라이나 국민은 사증필요
▶ 라오스 : 2009.8.1부터 협정 시행

공항 도착에서 출국까지

1_공항 도착

적어도 출발 시간 3시간 전에는 공항에 도착하여야 한다.

공항에 도착하면 3층 출발층에 있는 운항정보 안내모니터에서 탑승할 항공사와 탑승수속카운터(A~M)를 확인한 후 해당 탑승수속 카운터로 이동하여 탑승수속을 받아야 한다.

2_항공사 탑승수속

- **좌석배정**

    해당 항공사 카운터에서 좌석을 배정 받고, 위탁수하물을 보낸다.

- **위탁수하물 보내기**
    - 항공사별, 노선별, 좌석 등급별로 무료 운송 가능 기준에 차이가 있으니 항공사로 미리 확인하여야 한다.
    - 위탁수하물로 보낼 짐과 기내에 가지고 들어갈 짐을 미리 정리하여 수속하도록 한다.

    - 기내에 가지고 들어갈 수 없는 물품은 위탁수하물로 보내도록 한다. 가급적 카메라, 귀금속류 등 고가의 물품과 도자기, 유리병 등 파손되기 쉬운 물품은 직접 휴대하는 것이 좋다.

- **기내 반입 물품 기준(항공기 좌석 위 선반)**

    일반석에 적용되는 수하물의 크기와 무게는 개당 $55 \times 40 \times 20$(cm) 3면의 합 115(cm) 이하로써 10kg~12kg까지이다.

- **위탁수하물 무료 허용 기준(화물칸으로 운반)**

  통상적으로 미주구간은 23kg 2개까지이다.

  ### 기내반입 금지물품

  기내반입금지물품(Restrict Items)이라 함은 항공기 안전운항 및 여객의 생명과 재산을 보호하기 위하여 비행기에 탑승하는 모든 승객이 휴대하는 물품 중 휴대 및 탑재가 금지되는 물품을 말하며, 기내반입금지물품을 휴대 또는 탑재할 경우 해당물품은 기내반입이 금지되며, 범죄혐의가 있을 경우에는 경찰에 인계되어 처벌될 수 있다.

  칼, 가위, 면도칼 등 뾰족하거나 날카로운 물품/총기류 및 장난감 총/불꽃놀이, 폭죽, 신호탄, 모형 권총, 라이터, 최루가스/향수/전해물 건전지/휴대용 버너, 부탄가스, SCUBA탱크/페인트, 광택제, 헤어스프레이(래커)/유독성 물질, 방사성 물질/확학 물질, 화학 비료, 제초제, 구충제, 살충제/페인트 박리재, 표백제, 염소, 세척제/연료, 희석제, 용제, 아세톤과 같은 가연성 액체/수은체온계, 기압계

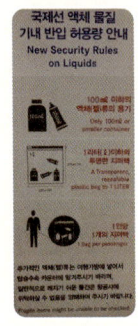

3_출국신고서 작성

2006년 8월 1일부터는 출국신고서가 전면적으로 생략되어 한결 빠르고 편하게 출국심사를 받을 수 있다.

4_병무 • 검역 신고

병역 의무자가 국외를 여행하고자 할 때에는 병무청에 국외여행허가를 받고 출국 당일 법무부 출입국에서 출국심사 시 국외여행허가 증명서를 제출하여야 한다.

- **병무신고대상**
  - 25세 이상 병역미필 병역의무자(영주권 사유 병역연기 및 면제자 포함)
  - 연령제한 없이 현재 공익근무요원 복무중인 자, 공중보건의사, 징병전담의사, 국제협력사, 공익법무관, 공익수의사, 국제협력요원, 전문연구요원/산업기능요원으로 편입되어 의무종사 기간을 마치지 아니한 자.

5_세관신고

미화 1만불을 초과하는 일반 해외 여행경비 휴대 반출 시에는 세관 외환신고대에 신고하여야 한다.

여행 중 사용하고 다시 가져올 귀중품 또는 고가품은 출국하기 전 세관에 신고한 후 "휴대물품반출신고(확인)서"를 받아야 입국 시에 면세를 받을 수 있다.

6_출국보안심사

여권, 탑승권을 출국장 입장 시 보안요원에게 보여 준다.

- ▶ 휴대물품을 X-ray 검색대 벨트 위에 올려 놓는다.
- ▶ 겉옷과 소지품(휴대폰, 열쇠, 지갑, 동전 등)도 모두 꺼내 검색용 바구니에 넣는다.
- ▶ 문형탐지기 통과 후 검색요원의 검색을 받는다.

7_출국 심사

- **출국심사절차**
    1. 출국심사대 앞 대기선에서 기다린다.
    2. 모자(선글라스)는 벗고, 대기중 휴대폰 통화는 자제한다.
    3. 여권, 탑승권을 제시한다.
    4. 여권에 출국확인을 받고 여권을 반환 받는다.
    5. 출국심사대를 통과한다.

출국 심사 후 면세지역에서는 현금출금 및 휴대폰 로밍이 불가하니 출국심사 전에 미리 현금출금 및 휴대폰 로밍 등 여행에 필요한 준비를 마쳐야 한다.

8_탑승

이제 출국을 위한 수속은 모두 끝났다. 가장 먼저 할 일은 탑승구 위치를 확인하는 것이다. 늦어도 출발 시간 30분 전에는 게이트에 미리 도착해 있도록 한다. 항공기 출발 30분 전에 탑승을 시작하여 10분 전에 탑승이 마감되니 탑승에 늦지 않도록 주의하여야 한다.

시내 면세점에서 미리 구입한 물품은 면세품 인도장에서 수령하도록 한다. 탑승 시간까지 대합실에서 휴식을 취하거나 면세점을 이용해 보자.

9_환전

일반적인 해외여행에서 미국달러로만 준비하는 경우가 많은데, 대부분 그 나라의 화폐로 환전해 가는 것이 현지에서 다시 재환전을 하는데 드는 비용과 번거로움을 줄일 수 있다.

유럽에서는 미국달러를 현지화로 바꾸는데 수수료를 지불해야 하는 경우도 있으므로 현지화

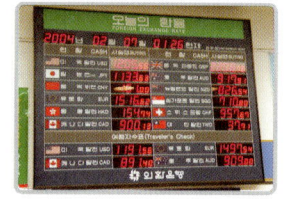

나 유로화, 여행자수표를 준비하는 것이 여러모로 편리하다. 일본이나 홍콩 등지는 그 나라의 통화로 바꾸어 사용하는 것이 유리하다.

2002년 1월 이후 유럽단일화폐인 유로화가 사용되고 있기 때문에 유럽 여행을 다니면서 화폐를 바꿔야 하는 번거로움이 줄어들었다. 단, 영국, 스위스, 스웨덴, 노르웨이 등과 같이 유로화 비 가맹국으로 여행할 때에는 현지 화폐를 준비해야 한다. 그리고 대부분 유로화 비 가맹국인 동유럽 국가에 갈 경우에는 달러를 준비해서 현지에서 환전한다.

유로화 현금 지폐는 5, 10, 20, 50, 100, 200, 500 단위로 발행된다.

- **유로화 가맹국**

    그리스, 네덜란드, 독일, 룩셈부르크, 벨기에, 스페인, 아일랜드, 오스트리아, 이탈리아, 프랑스, 핀란드

- **유로화 비 가맹국**

    노르웨이, 스위스, 스웨덴, 영국, 동유럽 국가들

10_여행자보험

여행 중 각종 손해를 보상하는 보험으로, 여행기간에만 보험에 가입하기 때문에 보험료가 저렴한 것이 특징이다.

해외여행자 보험이란

해외여행을 위해 집을 출발해 여행을 마치고 집에 도착할 때 까지 우연히 발생한 사고나 질병, 손해, 휴대품 손해, 비행기 납치 등을 보상받을 수 있는 보험으로 해외여행을 하고자 할 때 필요하다.

▶ 신체상해 손해와 질병치료, 휴대품 및 배상책임 손해 등 여행 중 일어날 수 있는 다양한 위험에 대비할 수 있는 휴가철 필수보험이며, 국내여행보험과 해외여행보험 2종류가 있다. 가입은 성별, 연령 등에 제한 없이 모든 여행자가 가입할 수 있다.

▶ 해외여행보험의 경우 여행을 떠나기 1주일 전에 가입해 두는 것이 좋으며, 단체인 경우에는 여행사가 일괄 가입하는 것이 일반적이므로 출발 전에 보험가입 내용을 확인해야 한다.

▶ 만 1세 이상 70세 미만의 여행자들이 가입할 수 있으며(15세 미만의 여행자는 15세 미만 여행자보험, 70세 이상의 여행자는 고령자 해외여행보험 가입), 3개월 이하 단기간 여행하는 경우에 가입할 수 있다. (3개월 이상 여행하는 경우에는 해외장기출장자보험 가입)

▶ 직업 또는 출국목적에 구애 받지 않고 아주 저렴한 비용으로 가입할 수 있다. 해외여행 중 휴대품 도난 시 보상하며, 면책금액이 적다는 장점이 있다.

● **보상 범위**

해외여행보험의 경우 국내여행보험과 보상범위가 같은데 여기에 가입자가 행방불명 돼 구조나 수색을 하게 될 경우 그 비용과 숙박비, 교통비 등 특별비용이 보장된다. 또 항공기가 납치된 경우에도 보험가입금액 한도에서 보상이 이루어진다. 그러나 보험계약자나 피보험자의 고의, 자살, °범죄, 행위로 인한 손해와 전쟁, 혁명, 내란, 소요로 인한 손해는 보상하지 않는다.

● **보험금 청구**

여행 중 사고가 난 경우 보상청구는 어떻게 해야 할까?

상해사고나 질병, 도난사고가 발생 한 경우에는 병원의 치료비 영수증과 현지 경찰서에 접수한 휴대품 도난신고서 등 입증서류를 구비해 보험회사에 청구하면 심사 후 보험금을 지급한다.

- **휴대품 손해 보상**

휴대품 손해는 보험가입금액 한도에서 휴대품 1품목(1개, 1조, 1쌍)당 20만원을 한도로 보상해 준다. 그러나 휴대품이라고 해도 현금, 유가증권, 항공권, 원고, 설계서와 의치, 콘택트렌즈 등의 손해는 보상하지 않는다. 또 본인의 과실에 의한 분실, 방치 등에 의한 손해도 보상하지 않으므로 주의해야 한다.

여행 준비물

워킹토킹

여행자보험

- [ ] 현금
- [ ] 여권
  (가족여권인 경우 동반자 기재사항 확인)
- [ ] 비자(목적지, 경유지 국가)
- [ ] 예방접종 카드(여권과 함께 철함)
- [ ] 항공권(예약 재확인)
- [ ] 사진(비자용 예비 포함)
- [ ] 여행자 보험
- [ ] 국제 운전면허증
- [ ] 예약 호텔 전화번호
- [ ] 항공사 현지 전화번호
- [ ] 현지 방문자 전화번호

준비물

세면도구	치약 / 칫솔 / 면도기(건전지용) / 손톱깎이 / 생리용품 / 바디샴푸
화장품	기초화장품 / 화운데이션 / 색조화장품 / 파우더 / 선탠오일
안경	선글라스 / 콘텍트렌즈 / 식염수 / 렌즈클리너 / 예비용 안경(분실 파손시)
재봉용품	실 / 바늘 / 시침핀 / 소형가위 / 단추
수첩	여권번호 / 항공권번호 / 여행자 수표번호 / 신용카드 번호 등 기재
참고도서	영한사전 및 관광 안내책자 / 지도
비상약품	소화제 / 위장약 / 설사약 / 감기약 / 진통제 / 멀미약 / 자신의 지병약 / 일회용 밴드
필기도구	볼펜 2개 정도
의류	긴팔 셔츠 / 바지 / 정장(고급 레스토랑에서 식사할 경우 필요) / 재킷 / 속옷 / 양말
신발	운동화 / 샌들
카메라	소형(필름은 여유있게)
기타	기념품(우리나라 토산품·공예소품 등을 준비)

출국 수속 절차

공항 도착
출발 2시간 전
휴대폰 로밍, 환전

항공사 탑승 수속
항공기 소속사의 데스크에서
수하물 위탁 · 좌석 배정

세관신고 및 병역신고

출국 심사장
청사 3층

출국 보안 심사
청사 3층 : 인원 휴대품 검사

출국 심사
여권 · 탑승권 준비

대합실 대기
필요시 면세점 쇼핑

탑승
여권, 탑승권 준비하여 탑승 게이트로
출발 30분 전에 도착

기본 표현

1. 인사 20
2. 대답 22
3. 감사 24
4. 사과 25
5. 말을 걸 때 26
6. 부탁할 때 27
7. 다시 물어 볼 때 29
8. 허락을 구할 때 30
9. 물어볼 때 32
10. 요구할 때 34
11. 긴급시의 표현 35

1 인사

1. 안녕하세요.
   Good morning(afternoon/evening).
   굿 모-닝(앱터누운/이브닝)

2. 안녕히 가세요(계세요).
   Good bye.
   굿 바이

3. 또 만나요.
   See you later. / See you.
   씨유 레이러 / 씨유

4. 내일 만나요.
   See you tomorrow.
   씨 유 투머로우

5. 안녕히 주무세요.
   Good night.
   굿 나잇

6. 몸 조심 하세요.
   Take care.
   테익 케어

7. 어떻게 지내세요? — 잘 지내고 있어요.
   How are you? – Fine, thank you.
   하우 아 유 - 퐈인 땡큐

8. 그저 그래요.
So so.
쏘 쏘어우

9. 잘 주무셨어요?
Did you have a good sleep?
디쥬 해버 굿 슬립

10. 점심 드셨어요?
Have you had a lunch?
해브 유 해더 런취

11. 처음 뵙겠습니다.
How do you do?
하우 두 유 두

12. 만나뵙게 되어 반갑습니다.
Nice to meet you.
나이스 투 밋츄

13. 만나뵙게 되어 기쁩니다.
I'm glad to see you.
아임 글랫 투 씨 유

14. 만나서 즐거웠습니다.
It was nice to see you.
잇 워즈 나이스 투 씨 유

15. 또 만나요.
See you again.
씨 유 어겐

② 대답

1. 예, 그렇습니다. / 아뇨, 아닙니다.
Yes, it is. / No, it isn't.
예스 잇 이즈 / 노우 잇 이즌트

2. 뭐라고 하셨어요?
Excuse me?
익스큐즈 미

3. 무슨 말인지 모르겠습니다.
I don't understand you.
아론 언더스땐드 유

4. 알겠습니다.
I understand.
아이 언더스땐드

5. 예, 그렇게 생각합니다. / 아뇨, 그렇게 생각하지 않아요.
Yes, I think so. / No, I don't think so.
예스 아이 띵 소우 / 노우 아론 띵 소우

6. 모르겠어요.
I don't know.
아론 노우

7. 예, 부탁합니다. / 아뇨, 괜찮습니다.
Yes, please. / No, thank you.
예스 플리이즈 / 노우 땡큐

인천 국제공항 운행노선

구로
구로역 라이프 공구 갈산초교 진명여고 목동5거리 목동4거리 대일고교
인천공항 김포공항 송정역 발산역 88체육관 화곡동입구 수도통합병원

동대문
동대문 광화문 합정역 김포공항 인천공항

시청
충정로 광화문 시청 서울역 공덕동 마포 강변북로 인천공항

잠실1
롯데월드 삼성역 강남터미널 국립묘지 강서구청 김포공항 인천공항

잠실2
롯데월드 삼성역 역삼동 강남터미널 88대로 인천공항

청량리
청량리 동대문 광화문 합정역 인천공항

강남
팰리스 리츠칼튼 노보텔 인터콘티넨탈 르네상스 팰리스맞은편 김포공항 인천공항

강남터미널
강남터미널 인천공항

김포공항
김포공항 인천공항

남산1
신라 앰버서더 타워 하얏트 힐튼 서울역 홀리데이인서울 강변북로 김포공항
인천공항 강변북로 홀리데이인서울 서울역 힐튼 하얏트 타워 앰버서더 신라

남산2
인천공항 김포공항 홀리데이인 힐튼 하얏트 신라 타워 앰버서더
인천공항 서울역 힐튼 하얏트 신라 타워

도심터미널1
강남도심공항터미널 김포공항 인천공항

도심터미널2
도심터미널 인천공항

동서울
워커힐 동서울터미널 롯데월드 김포공항 인천공항 롯데월드 동서울터미널 워커힐

방학사거리
방학동 소피아호텔 노원역 하계역 태릉입구역 김포공항 인천공항

서울역
서울역 인천공항

여의도
여의도 인천공항

시청
인천공항 김포공항 코리아나 프라자 롯데 조선 KAL 인천공항

3 감사

1. 고맙습니다.
   Thank you. / Thanks.
   땡큐 / 땡스

2. 친절에 감사합니다.
   Thank you for your kindness.
   땡큐 포 유어 카인드니스

3. 도와 주셔서 고맙습니다.
   Thank you for your help.
   땡큐 포 유어 헤얼프

4. 전화해 주셔서 고맙습니다.
   Thank you for calling.
   땡큐 포 콜링

5. 어쨌든 감사합니다.
   Thank you anyway.
   땡큐 애니웨이

6. 천만에요.
   You're welcome.
   유어 웰컴

7. 별 것 아닙니다.
   Not at all.
   낫 앳 올

4 사과

1. 미안합니다.
I'm sorry.
아임 쏘오리

2. 실례합니다.
Excuse me.
익스큐즈 미

3. 정말 죄송합니다.
I'm so sorry.
아임 쏘 쏘오리

4. 늦어서 죄송합니다.
I'm sorry to be late.
아임 쏘오리 투 비 레이트

5. 기다리시게 해서 죄송합니다.
I'm sorry to have kept you waiting.
아임 쏘오리 투 해브 캡트 유 웨이링

6. 괜찮습니다.
That's all right.
댓츠 올 롸잇

7. 제 잘못입니다.
It's my fault.
잇츠 마이 폴트

⑤ 말을 걸 때

1. 실례하겠습니다.
Excuse me. / Hello.
익스큐즈 미 / 헬로우

2. 실례지만 빈 자리입니까?
Excuse me, is this seat taken?
익스큐즈 미 이즈 디씨잇 테이큰

3. 실례지만 여기서 담배를 피워도 됩니까?
Excuse me, can I smoke here?
익스큐즈 미 캐나이 스모우크 히어

4. 실례지만 빈 택시입니까?
Excuse me, are you for hire?
익스큐즈 미 아 유 포 하이어

5. 실례지만 우체국 가는 길을 가르쳐 주시겠어요?
Excuse me, could you tell me the way to the post office? 익스큐즈 미 크쥬 텔미 더 웨이 투 더 포스트 오피스

6. 부탁 하나 들어 주시겠어요?
Could you do me a favor?
크쥬 두 미 어 페이버

7. 실례지만 좀 지나가겠습니다.
Excuse me, let me pass, please.
익스큐즈 미 렛 미 패스 플리이즈

6 부탁할 때

1. 물을 주세요.
Water, please.
워러 플리이즈

2. 어른 2장 주세요.
Two adults, please.
투 어덜츠 플리이즈

3. 힐튼 호텔로 가 주세요.
To Hilton Hotel, please.
투 힐튼 호텔 플리이즈

4. 옥스포드행 한 장 주세요.
One for Oxford, please.
원 포 옥스퍼드 플리이즈

5. 와인 한 잔 더 주세요.
Could you give me another glass of wine?
크쥬 김미 어나더 글래스 어브 와인

6. 모포 한 장 주세요.
Can I have a blanket?
캐나이 해버 블랭킷

7. 입국카드를 주세요.
Can I have a disembarkation card, please?
캐나이 해버 디젬바케이션 카-드 플리이즈

8. 이 서류 쓰는 법을 가르쳐 주시겠어요?
Could you tell me how to fill in this form, please?
크쥬 텔 미 하우 투 필 인 디스 폼 플리이즈

9. 저 스웨터를 보여 주세요.
Could you show me that sweater?
크쥬 쇼유 미 댓 스웨러

10. 신문을 가져다 주세요.
May I have a newspaper?
메 아이 해버 뉴스페이퍼

11. 뭘 좀 먹고 싶어요.
I want something to eat.
아이 원 썸띵 투 잇

12. 이것이 마음에 듭니다.
I'd like this one.
아이드 라익 디스 원

13. 뉴욕에 가고 싶습니다.
I want to go to New York.
아이 워너 고우 투 뉴욕

14. 면세품을 사고 싶습니다.
I'd like to buy some tax-free items.
아이드 라익 투 바이 썸 텍스프리 아이럼즈

15. 실례지만 시원한 걸 마시고 싶은데요.
Excuse me, I'd like to have something cold to drink.
익스큐즈 미 아이드 라익 투 해브 썸띵 콜 투 쥬링크

7 다시 물어볼 때

1. 뭐라고 하셨어요?
(I beg your) Pardon? / Excuse me?
(아이 벡 유어) 파-든 / 익스큐즈 미

2. 뭐라고 했지요?
What did you say?
왓 디쥬 세이

3. 다시 한 번 말씀해 주세요.
Could you say that again?
크쥬 세이 댓 어겐

4. 더 천천히 말씀해 주세요.
Please speak more slowly.
플리이즈 스뻬익 모어 슬로올리

5. 잘 못 알아 들었습니다.
I couldn't catch what you said.
아이 쿠든 캐취 왓 유 새드

6. 모르겠는데요.
I don't understand.
아론 언더스땐드

7. 당신이 한 말을 써 주시겠어요?
Could you write down what you said?
크쥬 롸잇 다운 왓 유 새드

8 허락을 구할 때

1. 여기에 앉아도 됩니까?
May I sit here?
메 아이 씻 히어

2. 제 소개를 해도 되겠습니까?
May I introduce myself?
메 아이 인츄로듀스 마이세얼프

3. 사진을 찍어도 됩니까?
Can I take a picture?
캐나이 테이커 픽춰

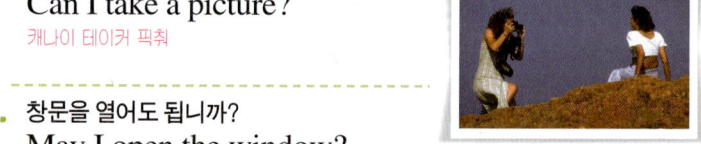

4. 창문을 열어도 됩니까?
May I open the window?
메 아이 오픈 더 윈도우

5. 전화를 써도 됩니까?
May I use the phone?
메 아이 유즈 더 포운

6. 성함을 물어봐도 되겠습니까?
May I have your name, please?
메 아이 해브 유어 네임 플리이즈

7. 전화번호를 물어봐도 되겠습니까?
May I have your phone number?
메 아이 해브 유어 포운 넘버

8. 질문 하나 해도 되겠습니까?
Can I ask you a question?
캐나이 애스크 유 어 퀘스쳔

9. 함께 가도 되겠습니까?
Can I go with you?
캐나이 고우 위드 유

10. 상의를 벗어도 되겠습니까?
Can I take off my jacket?
캐나이 테이크 오프 마이 줴킷

11. 담배를 피워도 괜찮겠습니까?
Do you mind if I smoke?
두 유 마인드 이프 아이 스모우크

해외 여행에서의 매너 Tip

- 창구에서는 일렬로 줄을 선다. 노약자나 장애자를 우선으로 하는 등 당연한 일을 하지 않으면 큰 창피를 당하게 된다.

- 식사 예절, 레이디 퍼스트 등의 매너와 공공 장소에서 질서있는 행동도 모두 매너이다.

- 대부분의 도시에서는 공공 장소에서의 흡연이 법률로 금지되어 있다. 레스토랑에서도 흡연석을 따로 설치해 놓은 경우가 아니라면 전체가 금연석이라고 생각하면 된다. 걸어가면서 담배를 피우는 것은 문제되지 않지만 담배를 피우는가의 여부가 사회적 지위에까지 영향을 미치는 분위기이다. 흡연 가능한 장소라도 주변 사람들에게 "May I smoke?"라고 물어 보는 것이 예의이다.

9 물어볼 때

1. 그것이 마음에 듭니까?
Do you like it?
두 유 라이크 잇

2. 그거 알고 있습니까?
Do you know that?
두 유 노우 댓

3. 오렌지 주스 있어요?
Do you have orange juice?
두 유 해브 오린쥐 쥬스

4. 이 근처에 호텔이 있습니까?
Is there a hotel near here?
이즈 데어 어 호텔 니어 히어

5. 성함을 물어봐도 되겠습니까?
May I have your name, please?
메 아이 해브 유어 네임 플리이즈

6. 빈 방 있습니까?
Are there any rooms available?
아 데어 애니 룸스 어베일러블

7. 화장실은 어디 있습니까?
Where is the rest room?
웨어 이즈 더 뤠스트 룸

8. 언제 출발합니까?
When do you leave?
웬 두 유 리-브

9. 누구에게 물어봐야 합니까?
Who should I ask?
후 슈다이 애스크

10. 지금 몇 시죠?
What time is it now?
왓 타임 이즈 잇 나우

11. 얼마입니까?
How much is it?
하우 머취 이즈 잇

12. 역까지 멉니까?
How far is it to the station?
하우 퐈 이즈 잇 투 더 스테이션

13. 공항까지 얼마나 걸립니까?
How long does it take to get to the airport?
하우 롱 더즈 잇 테익 투 겟 투 디 에어포어트

14. 이 전화는 어떻게 씁니까?
How do I use this phone?
하우 두 아이 유즈 디스 포운

15. 힐튼 호텔까지 어떻게 갑니까?
Could you tell me how to get to the Hilton Hotel?
크쥬 텔 미 하우 투 겟 투 더 힐튼 호테얼

⑩ 요구할 때

1. 지금 가야 해요.
I must go now.
아이 머스트 고우 나우

2. 30분 내에 돌아가야 합니다.
I have to be back in 30 minutes.
아이 해브 투 비 백 인 떠리 미닛츠

3. 1시간 전에는 체크인해야 합니다.
I must check in at least one hour in advance.
아이 머스트 체크 인 앳 리-스트 원 아워 인 어드밴스

4. 오늘 중으로 그것이 필요합니다.
I need it today.
아이 니드 잇 투데이

5. 내일 오전 중에 떠나야 합니다.
I have to leave tomorrow morning.
아이 해브 투 리-브 투머로우 모-닝

6. 경찰서에 가야 합니다.
I should go to the police.
아이 슈드 고우 투 더 펄리스

7. 세관신고서가 필요합니다.
I need a customs form.
아이 니드 어 커스텀즈 폼

⑪ 긴급시의 표현

1. 문제가 생겼어요.
   I'm in trouble.
   아임 인 츄러블

2. 도와 주시겠어요?
   Could you help me?
   크쥬 헤엎 미

3. 길을 잃어버렸습니다.
   I'm lost.
   아임 로스트

4. 내 짐이 보이지 않습니다.
   I couldn't find my baggage.
   아이 쿠든 퐈인 마이 배기쥐

5. 여권을 잃어버렸습니다. / 지갑을 도둑 맞았습니다.
   I've lost my passport. / My wallet was stolen.
   아이브 로스트 마이 패스포어트 / 마이 왈럿 워즈 스똘른

6. 한국어를 할 수 있는 사람을 불러주세요.
   Could you call for a Korean speaker?
   크쥬 콜 포 어 코리언 스뻬커

7. 몸이 좋지 않아요.
   I'm feel sick.
   아임 퓔 씩

긴급전화 및 주요 연락처

여행지에서 갑자기 돌발적인 상황이 발생했을 때 도움을 받을 수 있는 비상 연락처를 미리 받아 둔다. 한국에서 예약한 여행사의 비상 연락처는 물론이고, 여행자 보험이 가입되어 있는 보험 회사와 현지의 여행사 연락처를 꼭 받아 놓는다.

영국	999 : 경찰이나 구급차를 부를 경우 100 : 일반 전화 교환 호출시 155 : 국제 전화 교환 호출시
미국	911 : 구급차를 부를 경우

8. 경찰을 불러 주세요. / 의사를 불러 주세요.
Please call the police. / Call a doctor, please.
플리이즈 콜 더 펄리스 / 콜 어 닥터 플리이즈

9. 아주 중요한(급한) 일입니다.
It's very important(urgent).
잇츠 베어리 임포어턴트(어전트)

미국의 20대 도시

Sense Click!!

미국의 대도시는 도시와 그 도시를 둘러싸고 있는 지역이 Metropolitan을 이룬다. 다음은 이러한 Metropolitan을 인구 순으로 정리한 것이다. 괄호 안의 숫자는 도시의 거주 인구이다. 1990년 조사인데, 도시의 인구 증가율은 큰 변동이 없으므로 참고하는 데 별 지장이 없을 것이다.

뉴욕(New York)	1731만명(732만 명)
로스엔젤레스(Los Angeles)	1170만명(348만 명)
시카고(Chicago)	784만명(278만 명)
필라델피아(Philadelphia)	553만명(159만 명)
샌프랜시스코(San Francisco)	539만명(72만 명)
디트로이트(Detroit)	435만명(103만 명)
보스턴(Boston)	417만명(57만 명)
워싱턴(Washington D.C.)	381만명(61만 명)
댈러스(Dallas)	361만명(101만 명)
마이애미(Miami)	346만명(36만 명)
휴스턴(Houston)	333만명(163만 명)
애틀랜타(Atlanta)	262만명(39만 명)
시애틀(Seattle)	257만명(52만 명)
미네아폴리스(Minneapolis)	233만명(37만 명)
세인트 루이스(St. Louis)	224만명(40만 명)
샌디애고(San Diego)	216만명(111만 명)
클레블랜드(Cleveland)	214만명(51만 명)
피닉스(Phoenix)	212만명(98만 명)
피츠버그(Pittsburgh)	206만명(37만 명)
발티모어(Baltimore)	205만명(74만 명)

출국 · 기내

1. 기내에서 38
2. 기내에서 서비스를 요청할 때 45
3. 기내에서 몸이 불편할 때 50

① 기내에서

기내에 들어가면 지정 좌석을 확인한 후 여행가방 등 휴대품을 선반에 올려 놓고 편안하게 앉아서 안전 **벨트**를 매고 금연 상태로 이륙을 기다린다. 항공기 이착륙시 금연등이 꺼질 때까지는 금연하고 금연석이나 화장실에서는 담배를 피우면 안 된다. 항공기 고도가 높아지면 기압에 의해 귀가 멍해지는 일이 있는데 이때는 사탕 또는 껌을 씹거나 하품을 하면 곧 사라진다. 기내 화장실은 남녀 공용. 사용중이면 「OCCUPIED」, 비어 있으면 「VACANT」가 표시된다.

1. 32 A석은 어디입니까?
Seat 32 A, Please.
씨잇 떠리투 에이 플리이즈

2. 실례지만, 지나가도 되겠습니까?
Excuse me, may I go ahead?
익스큐즈 미 메 아이 고우 어헤드

3. 빈 자리가 있습니까?
Are there any vacant seats?
아 데어 애니 베이컨트 씨잇츠

4. 흡연석만 있습니다.
We have only smoking seats.
위 해브 온니 스모우킹 씨잇츠

5. 이 가방을 맡아주시겠어요?
May I ask you to keep this bag?
메 아이 애스큐 투 킵 디스 백

6. 담배를 피워도 됩니까?
May I smoke?
메 아이 스모우크

7. 마실 걸 좀 주십시오.
May I have something to drink, please?
메 아이 해브 썸띵 투 쥬링크 플리즈

8. 모포를 한 장 더 주시겠습니까?
May I have an extra blanket?
메 아이 해브 언 엑스츄뤄 블랭킷

9. 이 자리로 옮겨도 됩니까?
May I change to this seat?
메 아이 췌인쥐 투 디 씨잇

10. 화면을 볼 수 없습니다. 다른 자리로 바꿀 수 있습니까?
I can't see the screen. Can I change to another seat?
아이 캔 씨 더 스크린 캐나이 췌인쥐 투 어나더 씨잇

11. 흡연석에 빈 자리 있습니까?
Do you have any smoking seats?
두 유 해브 애니 스모우킹 씨잇츠

12. 친구 옆 자리로 옮기고 싶습니다.
I'd like to move next to my friend.
아이드 라익 투 무브 넥스투 마이 프렌드

13. 중앙석의 승객이 자리를 바꿀 것 같습니다만 괜찮겠습니까?
The passenger in the center seat will change. Is that OK? 더 패슨저 인 더 세너 씨잇 윌 췌인쥐 이즈 댓 오케이

14. 예, 좋습니다.
Sure, it's OK.
슈어 잇츠 오케이

15. 빈 자리입니까?
Is this seat taken?
이즈 디씨잇 테이큰

16. 화장실은 어디 있습니까?
Where is the toilet?
웨어 이즈 더 토일릿

17. 멀미가 납니다.
I feel sick.
아이 퓔 씩

18. 예정대로 도착합니까?
Is the plane on time?
이즈 더 플레인 언 타임

19. 한국어를 할 줄 아는 분을 불러 주십시오.
Please get someone who can speak Korean.
플리이즈 겟 썸원 후 캔 스픽 커리언

20. 여기가 제 자리입니다. 착오가 있는 것 같군요.
This is my seat. Maybe there is a mistake.
디스 이즈 마이 씨잇 메이비 데어 이즈 어 미스테이크

21. (스튜어디스에게) 좌석이 뒤바뀐 것 같습니다.
Excuse me, Miss, there seems to be a mix-up.
익스큐즈 미 미스 데어 씸스 투 비 어 믹스 업

22. 조사해 보겠습니다. 잠시 기다려 주십시오.
We'll check, just a minute, please.
위일 체크 쥐스트 어 미닛 플리이즈

23. 탑승수속 때 금연석을 요청했습니다.
I asked for a non-smoking seat at the checking counter.
아이 애스크트 포 어 넌스모우킹 씨잇 앳 더 췌킹 키아우너

24. 착오가 있는 것 같습니다.
Maybe there's a mistake.
매이비 데어즈 어 미스테이크

25. 조치해 주시겠습니까?
Could you take care of it, please?
크쥬 테익 케어 어브 잇 플리이즈

26. 로스앤젤레스 도착은 몇 시입니까?
What time do we arrive in LA?
왓 타임 두 위 어라이브 인 엘에이

27. 현지 시간으로 오전 9시에 도착합니다.
We arrive there at 9 a.m. local time.
위 어라이브 데어 앳 나인 에이엠 로우컬 타임

28. 안내방송을 못 들었습니다.
I didn't hear the announcement.
아이 디든 히어 디 어나운스먼트

29. (갈아탈 때) 수하물은 기내에 두어도 됩니까?
May I leave this baggage on the plane?
메 아이 리-브 디스 배기쥐 언 더 플레인

30. 아메리칸웨스트 항공 100편으로 갈아 타야 합니다. 가능합니까?
I have to transfer to AW 100. Is it possible?
아이 해브 투 츄랜스풔 투 에이더블유 원오오 이즈 잇 파서블

31. 비행편은 좀 지연됩니다만 걱정하지 마세요.
We are a little delayed, but don't worry.
위 아 어 리를 딜레이드 벗 돈 워리

실용단어

비행기표	탑승권	좌석	좌석번호
airline ticket 에어라인 티켓	boarding pass 보오딩 패스	seat 씨잇	seat number 씨잇 넘버
출국	승무원	통로석	창측석
departure 디파-춰	flight attendant 플라잇 어텐던트	aisle seat 아이얼 씨잇	window seat 윈도우 씨잇
빈 자리	만석	신문	잡지
vacant seat 베이컨 씨잇	full seat 풀 씨잇	newspaper 뉴스페이퍼	magazine 메거지인
구명조끼	산소마스크	멀미봉지	베개
life vest 라이프 베스트	oxygen mask 악씨전 매스크	sickness bag 씩크니스 백	pillow 필로우
모포	이륙	착륙	도착
blanket 블랭킷	take-off 테이크 오프	landing 랜딩	arrival 어롸이벌
흡연석	금연석		
smoking seat 스모우킹 씨잇	non-smoking seat 넌스모우킹 씨잇		

객실 Cabin

- overhead reading light (머리 위) 독서등
- "fasten seat belt" sign 좌석벨트 착용 사인
- seat number 좌석번호
- adjustable air outlet 환기장치
- overhead bin/storage compartment/closet 수하물 넣는 곳
- headrest cover 먼커버
- armrest 팔걸이
- backrest 등받이
- ashtray 재떨이
- aisle 통로

좌석 Seat

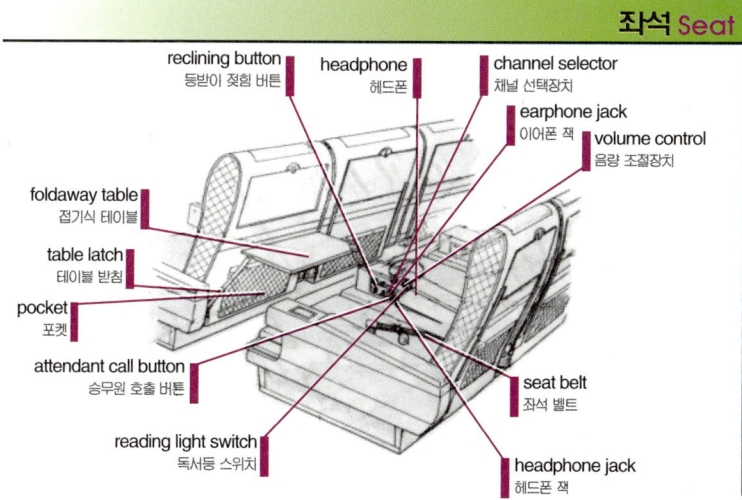

- reclining button 등받이 젖힘 버튼
- headphone 헤드폰
- channel selector 채널 선택장치
- earphone jack 이어폰 잭
- volume control 음량 조절장치
- foldaway table 접기식 테이블
- table latch 테이블 받침
- pocket 포켓
- attendant call button 승무원 호출 버튼
- seat belt 좌석 벨트
- reading light switch 독서등 스위치
- headphone jack 헤드폰 잭

43

기내 화장실 Cabin lavatory

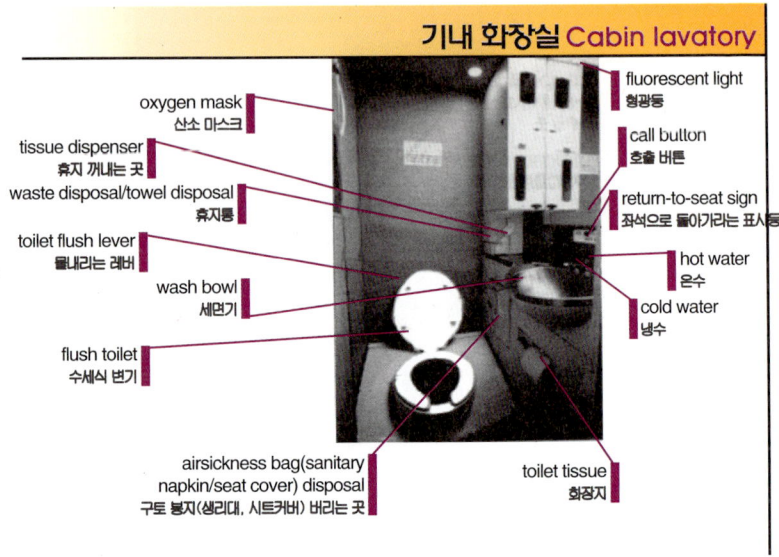

- oxygen mask / 산소 마스크
- tissue dispenser / 휴지 꺼내는 곳
- waste disposal/towel disposal / 휴지통
- toilet flush lever / 물내리는 레버
- wash bowl / 세면기
- flush toilet / 수세식 변기
- airsickness bag(sanitary napkin/seat cover) disposal / 구토 봉지(생리대, 시트커버) 버리는 곳
- fluorescent light / 형광등
- call button / 호출 버튼
- return-to-seat sign / 좌석으로 돌아가라는 표시등
- hot water / 온수
- cold water / 냉수
- toilet tissue / 화장지

기내 화장실 안내문

비었음	Vacant	베이컨트
사용중	Occupied	아큐파이드
버튼을 누르시오	Push button	푸쉬 버튼
화장실에서는 금연하시오	No smoking in toilet	노우 스모우킹 인 토일릿
화장지만 버리시오	Hand towels only	핸드 타월즈 온니
변기물을 내리시오	Flush toilet	플러쉬 토일릿

Cabin lavatory

② 기내 서비스를 요청할 때

기내에서는 식사, 음료와 주류, 영화와 음악, 신문과 잡지, 기내지 등의 서비스가 무료로 제공된다. 승무원의 도움이 필요할 때는 호출버튼을 누르면 즉시 친절한 도움을 받을 수 있다. 기내에서는 면세품을 팔고 있으며, 기내에 비치된 면세품 안내책자를 참고해서 주문하면 된다. 음료 서비스는 소프트 드링크는 무료, 술은 태평양 노선만 유료이다. 국제선의 기내는 「면세구역」이므로 유료노선에서도 술은 싸게 마실 수 있다. 단 지상보다 기압이 낮아서 쉽게 취하므로 과음은 삼가하는 게 좋다.

1. 식사하셨어요?
Have you finished the meal?
해브 유 퓌니쉿 더 미일

2. 자느라고 아직 못했습니다.
Not yet. I was sleeping.
낫 옛 아이 워즈 슬리핑

3. 지금 식사할 수 있습니까?
May I have my meal now, please?
메 아이 해브 마이 미일 나우 플리이즈

4. 생선 요리를 부탁합니다.
I'd like to have a fish, please.
아이드 라익 투 해버 퓌쉬 플리이즈

5. 식사는 지금 필요 없습니다.
I don't want to eat now.
아론 워너 잇 나우

6. 마실 걸 좀 주시겠습니까?
May I have something to drink?
메 아이 해브 썸띵 투 쥬링크

45

7. 식전 음료를 드시겠어요?
Do you want something to drink before you eat?
두 유 원 썸띵 투 쥬링 비포어 유 잇

8. 무엇이 있습니까?
What do you have?
왓 두 유 해브

9. 오렌지 주스, 콜라, 맥주, 와인, 위스키가 있습니다.
We've got orange juice, coke, beer, wine and whisky.
위브 갓 오린쥐 쥬스 코우크 비어 와인 앤 위스키

10. 맥주를 주십시오.
Beer, please.
비어 플리이즈

11. 메인 메뉴로 쇠고기, 닭고기, 생선요리가 있습니다.
We've got beef, chicken and fish as the main dishes.
위브 갓 비이프 취큰 앤 퓌쉬 애즈 더 메인 디쉬즈

12. 지금 디저트를 드시겠습니까?
Would you like dessert now?
우쥬 라이크 디저트 나우

13. 홍차와 커피가 있습니다.
Tea or coffee?
티 오어 커피

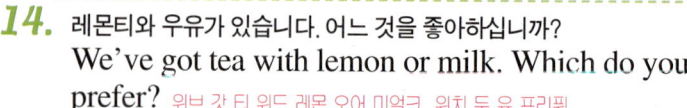

14. 레몬티와 우유가 있습니다. 어느 것을 좋아하십니까?
We've got tea with lemon or milk. Which do you prefer? 위브 갓 티 위드 레몬 오어 미얼크 위치 두 유 프리풔

15. 다 드셨습니까? 식기를 치워도 되겠습니까?
Are you finished? May I take your tray?
아 유 퓌니쉬드 메 아이 테이크 유어 츄레이

16. 다른 음료를 마셔도 됩니까?
May I have another drink, please?
메 아이 해브 어나더 쥬링 플리이즈

17. 물 한 잔 부탁했었는데요.
I didn't get the water I asked for.
아이 디든 겟 더 워러 아이 애스크트 포

18. 내 가방을 가져다 주시겠습니까?
Can you bring me my bag, please?
캔 유 브링 미 마이 백 플리이즈

19. 화장실이 고장입니다.
There is something wrong with the toilet.
데어 이즈 썸띵 롱 위드 더 토일릿

20. 시끄러워서 못 자겠어요.
I can't sleep because it's very noisy.
아이 캔트 슬리입 비코-즈 잇츠 베어리 노이지

21. 영화 채널은 몇 번입니까?
Which channel is the movie on?
위치 채널 이즈 더 무비 언

22. 헤드폰이 고장입니다.
The headphones aren't working.
더 헤드포운스 안트 워킹

23. (입국카드나 세관 신고서를 보이며) 다 썼는데요, 맞습니까?
Did I fill out this card, OK?
디드 아이 필 아웃 디스 카-드 오우케이

24. 춥습니다. / 덥습니다.
I'm very cold. / I'm very hot.
아임 베어리 콜드 / 아임 베어리 핫

25. 기내 판매는 있습니까?
Do you sell on the plane?
두 유 셀 언 더 플레인

26. 이 비행기에서는 면세품을 팔고 있습니까?
Do you have any tax-free items on this plane?
두 유 해브 애니 텍스프리 아이럼즈 언 디스 플레인

27. 무엇을 팔고 있습니까?
What do you sell?
왓 두 유 셀

28. 다른 것은 없습니까?
Anything else?
애니띵 엘스

29. (기내 판매에서) 시가가 있으면 보여주십시오. 얼마입니까?
Cigars, please, if you have any. How much are they?
시거스 플리이즈 이프 유 해브 애니 하우 머취 아 데이

30. 한 상자에 20달러 50센트입니다.
Twenty dollars and fifty cents for one box.
트웨니 달러즈 앤 퓌프티 센츠 포 원 박스

31. 여행자 수표를 받습니까?
Do you accept traveler's checks?
두 유 어셉트 츄래블러스 첵스

32. 한국으로 보내 주시겠습니까?
Can you mail it to Korea?
캔 유 메일 잇 투 코리아

실용단어

난기류	안개	비상구	늦다
turbulent air 터뷸런트 에어	mist / fog 미스트 / 포그	emergency exit 이머전씨 엑시트	be late 비 레이트
이어폰	고장	승무원실/여객실	음료
earphones 이어포운즈	trouble 츄러블	cabin 캐빈	beverage 비버리쥐
음료수	커피	홍차	녹차
drinking water 쥬링킹 워러	coffee 커피	tea 티이	green tea 그린 티이
맥주	위스키	백포도주	적포도주
beer 비어	whisky 위스키	white wine 와잇 와인	red wine 레드 와인
주스	얼음	디저트	유료
juice 쥬스	ice cubes 아이스 큐브스	dessert 디저-트	charge / pay 차-쥐 / 페이
무료	식사	닭고기	돼지고기
no charge 노우 차-쥐	meal 미일	chicken 취큰	pork 포-크
쇠고기	생선	면세품	기내판매
beef 비프	fish 피쉬	tax-free items 텍스프리 아이럼즈	sales on the plane 세일즈 언 더 플레인

③ 기내에서 몸이 불편할 때

1. 멀미(구토)가 납니다.
I'm feeling sick(nauseous).
아임 필링 씩(너어셔스)

2. 배(머리)가 아픕니다.
I have a stomach-ache(headache).
아이 해버 스터먹에익(헤레익)

3. 현기증이 납니다.
I'm dizzy.
아임 디지

4. 가슴이 아픕니다.
I have a pain in chest.
아이 해버 페인 인 췌스트

5. 멀미 봉지는 있습니까?
Do you have an air sickness bag?
두 유 해브 언 에어 씩크니스 백

6. (구토가 나서) 화장실에 데려가 주시겠습니까?
Can you help me to the lavatory?
캔 유 헬업 미 투 더 레버러뤼

7. 열이 있는 것 같습니다.
I think I have a fever.
아이 띵크 아이 해버 퓌버

8. 좀 춥습니다. 모포를 한 장 더 주십시오.
I have a chill. May I have an extra blanket, please?
아이 해버 취어 메 아이 해번 엑스츄러 블랭킷 플리이즈

9. 두통약 좀 있습니까?
Do you have any medicine for a headache?
두 유 해브 애니 메러슨 포 어 헤레익

10. 약을 먹고 싶습니다.
I'd like to take some medicine.
아이드 라익 투 테익 썸 메러슨

11. 이 비행기에 의사는 없습니까?
Is there a doctor on the plane?
이즈 데어 어 닥터 언 더 플레인

12. 멀미가 납니까?
Do you feel sick?
두 유 필 씩

13. 괜찮습니다.
Thank you. I'm all right.
땡큐 아임 올 롸잇

14. 좀 좋아집니까?
Are you feeling better?
아 유 필링 베러

15. 고맙습니다. 좋아집니다.
Thank you, I'm better.
땡큐 아임 베러

16. 곧 가져다 드리겠습니다.
I'll bring it to you right away.
아일 브링 잇 투 유 롸잇 어웨이

17. 베개도 갖다 드릴까요?
Would you like a pillow, too?
우 쥬 라이커 필로우 투

18. 아프신 것 같군요. 스튜어디스를 부를까요?
You look sick. Should I call the stewardess?
유 룩 씩 슈 다이 콜 더 스튜워디스

실용표현

머리가 아프다.	배가 아프다.	이가 아프다.
I have a headache.	I have stomach trouble.	I have a toothache.
아이 해버 헤더익	아이 해브 스터먹 츄러블	아이 해버 투쓰에익
토할 것 같다.	오한이 난다.	여기가 아프다.
I feel like vomiting.	I feel chilly.	I have a pain here.
아 퓔 라익 보미링	아 퓔 칠리	아이 해버 페인 히어
아프다.	감기 걸렸다.	잠잘 수 없다.
I have a pain.	I caught a cold.	I can't sleep well.
아이 해버 페인	아이 코웃 어 코올드	아이 캔트 슬리입 웰
뻐근한 통증이 있다.	통증이 심하다.	살살 아프다.
It is a dull pain.	It is a sharp pain.	It is a griping pain.
잇 이즈 어 덜 페인	잇 이즈 어 샤프 페인	잇 이즈 어 그리핑 페인
계속 아프다.	열이 있다.	어지럽다.
It is a constant pain.	I have a fever.	I feel dizzy.
잇 이즈 어 콘스턴트 페인	아이 헤버 퓌버	아 퓔 디지

도착·입국

1. 비행기를 갈아 탈 때 54
2. 입국심사 58
3. 수하물 찾기 62
4. 세관 신고 66
5. 환전 69
6. 관광 안내소 72

① 비행기를 갈아탈 때

통과 승객인 경우에는 하물은 좌석 위에 놓고 귀중품만 지니고 비행기에서 내린다. 갈아타는 승객인 경우 기내에 가지고 들어간 하물은 가지고 내린다. 비행기 출구에서 트랜짓 카드(Transit Card)를 반드시 받는다. 이때 탑승시간과 게이트를 확인해 둘 것. 대합실(Transit Room)에서 휴식, 면세품 쇼핑도 여기에서는 가능하다. 갈아탈 게이트로 가서 트랜짓 카드를 직원에게 보여주고 기내로 들어간다.

1. 유나이티드 항공 113편으로 LA에 갈 겁니다.
I'm going to LA by United Airlines Flight No.113.
아임 고잉 투 엘에이 바이 유나이티드 에어라인즈 플라잇 넘버 원원뜨리

2. LA에는 몇 시에 도착합니까?
What time will it arrive in LA?
왓 타임 윌 잇 어롸이브 인 엘에이

3. 현지 시각 오후 8시 30분 예정입니다.
It is scheduled for 8:30 in the evening local time.
잇 이즈 스케쥴드 포 에잇 떠리 인 디 이브닝 로우컬 타임

4. 이 공항에는 얼마동안 머뭅니까?
How long is the stopover at this airport?
하우 롱 이즈 더 스탑오버 앳 디스 에어포어트

5. 기내에 남아 있어도 됩니까?
May I remain on the airplane?
메 아이 리메인 언 디 에어플레인

6. 이 편은 정시에 출발합니까?
Will this flight leave on time?
윌 디스 플라잇 리-브 언 타임

7. 탑승시각은 몇 시부터입니까?
What time does boarding begin?
왓 타임 더즈 보-딩 비긴

8. 탑승게이트는 몇 번입니까?
From which gate do I board?
프럼 위치 게이트 두 아이 보-드

9. 탑승게이트는 26번입니다.
The boarding gate is No. 26.
더 보-딩 게이트 이즈 넘버 트웨니 씩스

10. 유나이티드 항공의 트랜짓 카운터는 어디입니까?
Where is the United Airlines transit counter?
웨어 이즈 더 유나이티드 에어라인즈 츄랜짓 키아우너

11. 갈아탈 비행편의 탑승 수속은 어디에서 합니까?
Where is the counter for making transfers?
웨어 이즈 더 키아우너 포 메이킹 츄랜스풔스

12. 탑승 수속을 여기에서 할 수 있습니까?
Can I take care of boarding procedures here?
캐나이 테익 케어 어브 보-딩 프로시쥬어스 히어

13. 예약을 변경하고 싶습니다.
I'd like to change my reservation.
아이드 라익 투 췌인쥐 마이 레저베이션

14. 연결편을 타지 못할 것 같습니다.
I'm afraid I won't make my connection.
아임 어프뤠이드 아이 오운트 메익 마이 커넥션

15. 연결편에 타지 못했습니다.
I didn't make my connection.
아이 디든 메익 마이 커넥션

16. 다른 항공편을 알아봐 주십시오.
Please check another flight for me.
플리이즈 체크 어나더 플라잇 포 미

17. 오늘 오후 항공편으로 하와이에 가고 싶은데 빈 자리가 있습니까?
Do you have a seat for Hawaii Island for this afternoon? 두 유 해버 씨잇 포 하와이 아일런드 포 디스 애프터눈

18. 흡연석을 원합니까, 금연석을 원합니까?
Would you like smoking or non-smoking?
우쥬 라익 스모우킹 오어 넌스모우킹

19. 금연석을 주십시오.
Non-smoking, please.
넌스모우킹 플리이즈

20. 창측 좌석을 부탁합니다.
I'd like to have a window seat.
아이드 라익 투 해버 윈도우 씨잇

21. 친구의 옆 좌석에 앉고 싶습니다.
I'd like to sit with my friend.
아이드 라익 투 씻 위드 마이 프렌드

실용단어

통과권	대합실	탑승시각	탑승 게이트
transit pass 츄랜짓 패스	waiting room 웨이링 룸	boarding time 보-딩 타임	boarding gate 보-딩 게이트

대기시간	출발시간	트랜짓카운터	면세점
waiting time 웨이링 타임	departure time 디파-취 타임	transit counter 츄랜짓 키아우너	tax-free shop 텍스프리 샵

예약	기내	빈 자리	만석
reservation 레저베이션	on the plane 언 더 플레인	vacant seat 베이컨트 씻	full 풀

창측	통로측	흡연석	금연석
window side 윈도우 싸이드	aisle side 아이얼 싸이드	smoking seat 스모우킹 씨잇	non-smoking seat 넌스모우킹 씨잇

입국 수속 절차

● 도착　ARRIVAL
'ARRIVAL(도착)'이라고 써 있는 곳으로 간다(환승객은 TRANSIT으로). 필요한 경우에 QUARANTINE(검역)에서 예방접종증명서(Vaccination Certificate/Yellowcard) 등을 제출한다.

● 입국심사　IMMIGRATION
여권(Passport)과 입국카드(Disembarkation Card)를 제출한다. 외화신고가 필요한 나라도 있다.

● 하물 찾기　BAGGAGE
타고온 비행기편 명이 표시된 곳에서 수하물을 찾는다. 수하물이 파손되어 있거나 나오지 않을 경우에는 수하물 인환증(Claim Tag)과 항공권(Ticket)을 가지고 문의한다.

● 세관　CUSTOMS
여권과 세관 신고서(Customs Declaration Form)을 가지고 통과한다. 담배, 술 등은 반입이 제한된다. 입국시에 신고한 귀중품이 출국시에 없으면 과세를 당하게 된다.

● 도착로비　LOBBY

● 환전　BANK/AUTHORIZED MONEY CHANGER
필요한 현금은 공항의 은행이나 환전소에서 현금으로 교환해 둔다. 이때 필요한 잔돈(Small Coin)도 섞어서 받는다.

② 입국심사

입국 수속은 원칙적으로 탑승기가 최초로 기항하는 나라의 공항에서 한다. 착륙 전에 입국카드와 세관 신고서가 기내에서 배부되면 필요사항을 기입한다. 비행기에서 내리면 표시를 따라서 입국심사대로 향한다. 그곳에서 여권과 입국카드를 제출한다. 입국목적, 체재기간, 세관에 신고할 것이 있는지의 여부를 물어볼 경우 정직하게 대답하면 큰 문제는 없다. 합법적인 입국이라고 인정되면 여권에 스탬프를 찍고 입국카드 부본을 첨부해 준다.

입국카드 ▶

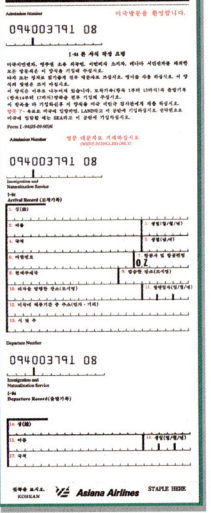

1. 입국심사대로 가십시오.
Please go to immigration.
플리이즈 고우 투 이미그레이션

2. 여권을 보여주십시오.
Passport, please.
패스포어트 플리이즈

3. 이 나라에는 처음입니까?
Is this your first visit to this country?
이즈 디스 유어 풔스트 비짓 투 디스 컨츄리

4. 예, 처음입니다.
Yes, it is my first time.
예스 잇 이즈 마이 풔스타임

5. 비자를 가지고 있습니까?
Do you have a visa?
두 유 해버 비자

6. 여행 목적은 무엇입니까?
What is the purpose of your trip?
왓 이즈 더 퍼포즈 어브 유어 츄립

7. 관광입니다.
Sightseeing.
싸잇싱

8. 하와이에는 며칠간 머무를 예정입니까?
How many days will you stay in Hawaii?
하우 매니 데이즈 윌 유 스떼이 인 하와이

9. 3일 머물 예정입니다.
I'll stay for three days.
아일 스떼이 포 뜨리 데이스

10. 동행이 있습니까?
Are you a member of a group?
아 유 어 멤버 어브 어 그룹

11. 혼자입니다.
No, I'm traveling alone.
노우 아임 츄레블링 얼론

12. 어디에 묵을 겁니까?
Where will you stay?
웨어 윌 유 스떼이

13. 워싱턴 디씨에 있는 하이얏트 리전시에 묵을 것입니다.
I'll stay at the Hyatt Regency in Washington D.C.
아일 스떼이 앳 더 하이얏 리전시 인 와싱턴 디씨

14. 귀국 항공권을 가지고 있습니까?
Do you have a return ticket?
두 유 해버 리터언 티켓

15. 이것이 귀국 항공권입니다.
This is the return ticket.
디스 이즈 더 리턴 티켓

16. 오늘밤 편으로 보스턴에 갈 겁니다.
I'll fly to Boston tonight.
아일 플라이 투 보스턴 투나잇

17. 한국어 할 줄 아는 분이 계십니까?
Do you have someone who speaks Korean?
두 유 해브 썸원 후 스펙스 코리언

18. 미국에 오신 걸 환영합니다.
Welcome to the U.S.A!
웰컴 투 더 유에스에이

실용단어

여권	비자	목적	관광
passport 패스포어트	visa 비자	purpose 퍼포즈	sightseeing 싸잇싱
유학	목적지	숙박지	기간
study abroad 스터디 어브로드	destination 데스티네이션	staying place 스테잉 플레이스	term / period 텀 / 피어리어드
단체	개인	입국	
party / group 파티 / 그루웁	individual 인디비쥬얼	entry into a country 엔츄리 인투 어 컨츄리	

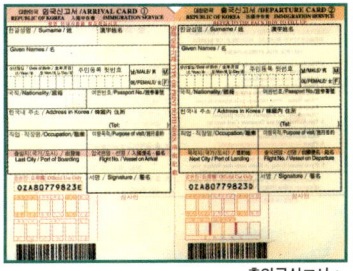
출입국신고서 ▲

세관신고서 ▶

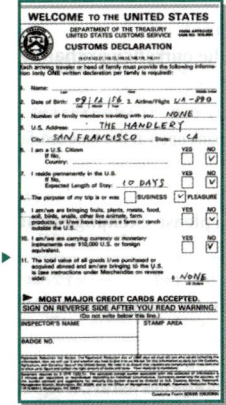

입국카드 / 세관신고서에 나오는 영어

성	Family name
이름	First name
결혼 전 성	Maiden
국적	Country of Citizenship
직업	Occupation
여권번호	Passport or alien Registration Number
연락처	Address in the Country
이용 항공회사 이름과 편명	Airline and Flight No.
탑승지	Passenger Boarded at
거주국	Resident of Country
현주소	Number, Street, City, Province and country of
출생 연월일	Month, Day and Year of Birth
출생지	City, Province and country of Birth
비자발생지	Visa Issued at
서명	Signature
비자 발행일	Month, Day and Year Visa Issued
동행자 유무	Name and Relationship of accompanying Family

Disembarkation card

③ 수하물 찾기

1. 가방은 어디에서 찾습니까?
Where do I pick up my bags?
웨어 두 아이 픽컵 마이 백스

2. 여기가 대한항공 301편의 수하물 찾는 곳입니까?
Is this where I pick up my baggage for KAL flight No. 301? 이즈 디스 웨어 아이 픽컵 마이 배기쥐 포 칼 플라잇 넘버 뜨리오원

3. 탁송한 수하물이 보이지 않습니다.
I can't find the baggage which I checked.
아이 캔트 퐈인 더 배기쥐 위치 아이 췌크트

4. 검정색 샘소나이트 가방을 찾아 주십시오.
Please look for a black Samsonite suitcase.
플리이즈 룩 포 어 블랙 쌤소나잇 수트케이스

5. 가방이 파손되어 있습니다.
My baggage is damaged.
마이 배기쥐 이즈 데미쥐드

6. 가방이 하나 나오지 않았습니다.
There's a bag missing.
데어즈 어 백 미싱

7. 어떤 모양입니까?
What does it look like?
왓 더즈 잇 룩 라이크

8. 갈색 여행가방입니다.
It's a brown suitcase.
잇츠 어 브라운 수트케이스

9. 수하물 인환증은 가지고 있습니까?
Do you have a baggage claim tag?
두 유 해버 배기쥐 클레임 택

10. 여기 있습니다. 찾아봐 주시겠습니까?
Yes, here it is. Would you try to find it for me, please? 예스 히어 잇 이즈 우쥬 츄라이 투 파인드 잇 포 미 플리이즈

11. 수하물 인환증을 잃어버렸습니다. 어떻게 하죠?
I've lost my baggage claim tag. What should I do?
아이브 로스트 마이 배기쥐 클레임 택 왓 슈라이 두

12. 이 가방은 찾았는데 다른 가방은 찾을 수 없습니다.
I found this bag, but not the other one.
아이 파운 디스 백 벗 낫 디 아더 원

13. 잃어버린 가방은 어디에 신고해야 합니까?
Where should I report the other missing bag?
웨어 슈라이 리포트 디 아더 미싱 백

14. 분실물 신고 창구는 어디입니까?
Where is the counter for reporting lost baggage?
웨어 이즈 더 카아운터 포 리포팅 로스트 배기쥐

15. 수하물에는 어떤 특징이 있습니까?
Does the baggage have any special features?
더즈 더 배기쥐 해브 애니 스페셜 피춰스

16. 내용물은 무엇입니까?
What are the contents?
왓 아 더 컨텐츠

17. 미안합니다. 저희 실수로 보내지지 않았습니다.
We are sorry. Some baggage was left behind by mistake.
위 아 쏘리 썸 배기쥐 워즈 레프트 비하인드 바이 미스테이크

18. 이 수하물 사고 신고서에 기입해 주시겠습니까?
Would you please fill in this "Baggage Claim Report"?
우쥬 플리이즈 필 인 디스 "배기쥐 클레임 레포트"

19. 발견되면 즉시 연락드리겠습니다.
We'll contact you immediately after we've found it.
위일 컨텐트 유 이미디어리 애프터 위브 퐈운드 잇

20. 힐튼 호텔에 묵을 겁니다. 보내 주시겠습니까?
I'll stay at the Hilton Hotel. Would you please send it to me there?
아일 스떼이 앳 더 힐든 호텔 우쥬 플리이즈 센드 잇 투 미 데어

21. 언제 쯤이면 찾을 수 있을 것 같습니까?
When do you think you'll find it?
웬 두 유 띵크 유일 퐈인드 잇

22. 찾지 못할 경우에는 어떻게 됩니까?
What do you do if you don't find it?
왓 두 유 두 이프 유 돈 퐈인드 잇

23. 변상해 줍니까?
Will the airline pay the cost?
윌 디 에어라인 페이 더 코스트

실용단어

수하물(영)	수하물(미)	수탁증(클레임택)	이름표
luggage 러기쥐	**baggage** 배기쥐	**deposit receipt** 디파짓 리씨트	**name-plate** 네임 플레이트
여행가방	서류가방	귀중품	짐수레
suitcase 수트케이스	**brief case** 브리프 케이스	**valuables** 밸루어블스	**cart** 카트
(하물의) 내용물	연락처	분실	파손
contents 컨텐츠	**contact address** 컨텍트 어드레스	**loss** 로스	**damage** 데미쥐
연착	보상금/변상금	일상 생활용품	
delayed address 딜레이드 어드레스	**compensation** 컴펜세이션	**daily necessities** 데일리 네세시티즈	
수하물 사고 신고서			
Property Irregularity Report 프로퍼티 이레귤레리티 레포트			

Tip 수하물을 찾을 수 없을 때

- 입국 심사를 마치고 나서 맡긴 수하물을 찾는다. 수하물이 턴테이블에 나오지 않을 경우에는 항공사 창구에 가서 수하물 사고신고서를 작성(성명, 여권번호, 수탁 물표번호, 하물의 모양이나 내용물 등을 기입)한다.

- 대부분 출발 공항에 남아 있거나 잘못 보내진 것이 원인이므로 며칠 후에는 항공사 측이 체재지에 배달해 주지만 만일 찾지 못할 경우에는 보상금이 지불된다.

- 방지책으로는 수하물 인환증를 잘 보관하고, 흔한 색, 형태의 여행가방은 피하는 등의 생각을 할 수 있지만 어쨌든 그다지 많지 않은 보상액이므로 귀중품은 맡기지 않는 것이 좋을 것이다. 또한 수하물이 파손된 경우도 항공사와 협의해야 한다.

④ 세관 신고

1. 신고할 것은 있습니까?
Do you have anything to declare?
두 유 해브 애니띵 투 디클레어

2. 특별히 신고할 것은 없습니다.
I don't have anything to declare.
아론 해브 애니띵 투 디클레어

3. 없습니다.
No, I don't.
노우 아이 돈트

세관 신고 품목
- 신고에서 제외되는 대상 : 일반적 개인용 휴대품
- 신고 품목 (미국) : 귀금속 등과 같은 사치품, 고급 카메라, 새로 구입한 물건과 선물, 음식물, 동물, 농산물 등
- 현금 : 1만 불 이상 소지할 경우는 반드시 신고

4. 소지하신 돈은 얼마입니까?
How much money do you have?
하우 머취 머니 두 유 해브

5. 가진 돈은 미화 500불과 한국돈 5만원입니다.
I have five hundred dollars and fifty thousand won.
아이 해브 퓌이브 헌드렛 달러스 앤 퓌프티 따우전 원

6. 술이나 담배를 가지고 있습니까?
Do you have any liquor or cigarettes?
두 유 해브 애니 리쿼 오어 시거렛츠

7. 과일이나 야채를 가지고 있습니까?
Do you have any fruits or vegetables?
두 유 해브 애니 프룻츠 오어 베지터블스

8. 가방을 열어 주십시오.
Open your bag, please.
오픈 유어 백 플리이즈

9. 관세를 지불해야 합니까?
Do I have to pay duty?
두 아이 해브 투 페이 듀티

10. 이것은 신고할 필요가 있습니까?
Is it necessary to declare this item?
이즈 잇 네세서뤼 투 디클레어 디스 아이럼

11. 이것은 늘상 복용하는 소화제입니다.
This is digestive medicine which I usually use.
디스 이즈 다이제스티브 메러슨 위치 아이 유즈얼리 유즈

12. 친구에게 선물로 줄 한국 민예품입니다.
It's a Korean item. It's a souvenir for my friend.
잇츠 어 코리언 아이럼 잇츠 어 수버니어 포 마이 프렌드

13. 한국에서는 만원 정도 하는 물건입니다.
It's worth about ten thousand won.
잇츠 워쓰 어바웃 텐 따우전 원

14. 이것은 과세가 됩니다.
You have to pay tax.
유 해브 투 페이 텍쓰

15. 다른 짐은 있습니까?
Do you have any other baggages?
두 유 해브 애니 아더 배기쥐스

실용단어

세관	세금	세관 신고서
customs 커스텀즈	tax 텍스	customs declaration form 커스텀즈 디클러레이션 폼
선물	향수	통화신고
gift 기프트	perfume 퍼퓸	currency declaration 쿼런시 디클러레이션
한국음식	개인용품	별송수하물
Korean food 코리언 푸-드	personal effects 퍼스널 이펙츠	unaccompanied baggage 언컴퍼니드 배기쥐
주류	담배	반입 금지품
liquor 리쿼	cigarette 시거렛	prohibited articles 프로히비티드 아티클스
신고하지 않아도 되는 품목		습관성 약품
no declaration items 노우 디클러레이션 아이럼즈		habitual use medicine 해비츄얼 유즈 메러슨

항공권 재확인(Reconfirm)

항공권의 재확인 절차, 즉 해당일에 그 항공편을 이용하겠다는 의사를 늦어도 출발 3일 전까지 항공사에 알리는 것. 리컨펌이 늦어질 경우 예약 취소로 간주하여 대기자들로 자리를 채우기 때문에 자칫하면 비행기를 타지 못하는 불상사를 초래할 수 있으므로 요주의!

❺ 환전

환전시 주의사항
1. 철저한 계획을 세워 경비가 남거나 부족하여 추가 환전을 하지 않도록 한다.
2. 동전은 재환전되지 않기 때문에 가능하면 동전을 먼저 지출하여 동전이 남지 않도록 한다.
3. 환전을 하고 나면 계산기로 환율과 받은 금액을 반드시 확인해 본다.
4. 세계환율표를 만들어 가지고 다니면 여행경비를 조금이라도 줄일 수 있으며, 물가와 비교할 수 있어 경비의 계획성 있는 지출이 가능하다.
5. 여행자수표 환전시 사인은 직원이 보는 데서 하고 다른 사람에게 양도하지 않는다.

1. 환전소는 어디입니까?
Where is the currency exchange office?
웨어 이즈 더 커런시 익스췌인지 오피스

2. 이 시간(일요일)에도 영업하는 은행이 있습니까?
Is there any bank open at this time(on Sunday)?
이즈 데어 애니 뱅크 오픈 앳 디스 타임(언 썬데이)

3. 환전을 해주시겠습니까?
Could you please exchange this?
크쥬 플리이즈 익스췌인쥐 디스

4. 오늘의 환율은 얼마입니까?
What is the exchange rate today?
왓 이즈 디 익스췌인쥐 뢰잇 투데이

5. 이 한국 원을 미국 달러로 바꿔 주시겠습니까?
Would you change this won to US dollars, please?
우쥬 췌인쥐 디스 원 투 유에스 달러스 플리이즈

6. 이 100달러 지폐를 바꿔 주십시오.
May I have change for a hundred dollars?
메 아이 해브 췌인쥐 포 어 헌드렛 달러즈

7. 수수료는 얼마입니까?
What is the commission?
왓 이즈 더 커미션

8. 잔돈도 섞어 주십시오.
May I have some small change, too?
메 아이 해브 썸 스몰 췌인쥐 투

9. 전부 1달러 지폐로 주십시오.
All singles, please.
올 싱글스 플리이즈

10. 영수증을 주시겠어요?
May I have a receipt?
메 아이 해버 리시트

11. 이 여행자수표를 현금으로 바꿔 주십시오.
Please cash these traveler's checks.
플리이즈 캐쉬 디즈 츄래블러즈 첵스

12. 이 지폐를 잔돈으로 바꿔 주십시오.
Small change for this bill, please.
스몰 췌인쥐 포 디스 빌 플리이즈

13. 계산이 틀린 것 같습니다.
I don't think the calculation is correct.
아론 띵크 더 캘큘레이션 이즈 코렉트

실용단어

환전	은행	환전소	영업중
exchange 익스췌인쥐	bank 뱅크	money exchange 머니 익스체인쥐	open 오픈
환율	지폐	동전	여행자수표
rate 뤠이트	bill / banknote 빌 / 뱅크노트	coin 코인	traveler's check 츄래블러스 첵스
현금	수수료	계산서	
cash 캐쉬	commission 커미션	statement of accounts 스테이트먼트 어브 어카운츠	

여행 도중 환전 요령

○ **주말은 피한다** : 주말엔 은행과 환전소가 문을 닫고, 문단은 수만큼 환율이 좋지 않다.

○ **공항이나 중앙역의 환전소를 이용한다** : 이곳이 시내보다 환율이 좋거나 최소한 중간 정도의 환율을 유지한다.

○ **노상에서는 환전하지 않는다** : 일단 불법이며, 좋은 환율을 제시하지만 이미 쓸모 없어진 화폐를 끼워주기도 하므로 신중히 한다.

▶ 화폐

1달러

2달러

5달러

10달러

20달러

50달러

100달러

1센트 penny　5센트 nickel　10센트 dime　25센트 quarter　100센트 1dollar

❻ 관광 안내소

시간이 있다면 공항을 나오기 전에 관광 안내소에 들러 시내지도나 교통노선도, 관광여행 안내서 등을 구해 놓으면 편리하게 이용할 수 있다. 공항의 택시 승강장은 계원이 알려주는 차 이외에는 절대로 타지 않도록 한다. 또한 물건을 분실하는 등의 문제가 일어날 경우를 대비해서 택시 번호, 운전수 이름, 면허증 번호 등을 메모해 두면 좋다.

관광 안내소 ▶

1. 관광지도(호텔 리스트)를 주십시오.
May I have a tourist map(hotel list), please?
메 아이 해버 튜어리스트 맵(호텔 리스트) 플리이즈

2. 렌트카 회사의 카운터는 어디입니까?
Where is the car rental counter?
웨어 이즈 더 카 렌털 키아우너

3. 현지 안내원을 기다리고 있습니다.
I'm still waiting for our local tour conductor.
아임 스띨 웨이링 포 아우어 로우컬 투어 컨덕터

4. 여기에서 호텔 예약을 할 수 있습니까?
May I make a reservation for a hotel here?
메 아이 메이커 레저베이션 포 어 호텔 히어

5. 그다지 비싸지 않은 호텔을 소개해 주시겠습니까?
Would you please recommend an inexpensive hotel?
우쥬 플리이즈 레코멘드 언 인익스펜시브 호텔

6. 시내에 유스호스텔은 없습니까?
Is there a youth hostel in this city?
이즈 데어 어 유스호스텔 인 디씨티

7. 그 호텔은 어디에 있습니까?
Where is the hotel?
웨어 이즈 더 호텔

8. 그 호텔은 역에서 가깝습니까?
Is that hotel close to the station?
이즈 댓 호텔 클로우즈 투 더 스테이션

9. 시내는 어떻게 갑니까?
How can I get downtown?
하우 캐나이 겟 다운타운

10. 리버사이드 호텔은 어떻게 갑니까?
How can I get to the Riverside Hotel?
하우 캐나이 겟 투 더 리버사이드 호텔

11. 리무진 버스와 택시 중에서 어느 것을 이용하시겠습니까?
Which would you like to use, a limousine or a taxi?
위치 우쥬 라익 투 유즈 어 리무진 오어 어 택시

12. 리무진 버스를 이용하겠습니다.
I would like to take a limousine.
아이 우드 라익 투 테이커 리무진

13. 리버사이드 호텔까지 택시요금은 얼마입니까?
How much does it cost to the Riverside Hotel by taxi? 하우 머취 더즈 잇 코스투 더 리버사이드 호텔 바이 택시

세계의 주요 항공사 코드 Sense Click!!

코드	한글명	영문명	국가
AA	아메리칸 항공	American Airlines	미국
AF	에어 프랑스	Air France	프랑스
AI	에어 인디아	Air India	인도
AZ	아리탈리아 항공	Alitalia	이탈리아
BA	영국 항공	British Airways	영국
CA	중국 국제항공	Air China	중국
CI	중화항공	China Airlines	대만
CO	컨티넨탈 항공	Continental Airlines	미국
CP	카나디언 항공	Canadian Airlines International	캐나다
CX	캐세이 퍼시픽 항공	Cathey Pacific Airways	홍콩
DL	델타 항공	Delta Airlines	미국
IA	이라크 항공	Iraqi Airway	이라크
IB	이베리아 항공	Iberia Airlines	스페인
IR	이란 항공	Iran Air	이란
JD	일본 에어 시스템	Japan Air Systems	일본
JL	일본 항공	Japan Airlines	일본
KE	대한항공	Korean Air	한국
KL	KLM 네덜란드 항공	KLM Royal Dutch Airlines	네덜란드
LH	루프트엔자 항공	Lufthansa German Airlines	독일
MH	말레이지아 항공	Malaysian Airlines	말레이지아
MS	이집트 항공	Egyptair	이집트
NH	전일본공수	All Nippon Airways	일본
NW	노스웨스트 항공	Northwest Airlines	미국
NZ	뉴질랜드 항공	Air New Zealand	뉴질랜드
OA	올림픽 항공	Olympic Airways	그리스
OS	오스트리아 항공	Austrian Airline	오스트리아
OZ	아시아나 항공	Asiana Airlines	한국
PR	필리핀 항공	Philippine Airlines	필리핀
QF	콴타스 항공	Qantas Airways	오스트레일리아
RG	바릭 브라질리언 항공	Varig Brazilian Airlines	브라질
SK	스칸디나비아 항공	Scandinavian Airlines System	스웨덴 · 덴마크 · 노르웨이
SQ	싱가폴 항공	Singapore Airlines	싱가폴
SR	스위스 항공	Swissair	스위스
TG	타이 국제항공	Thai Airways International	태국
UA	유나이티드 항공	United Airlines	미국
UT	UTA 프랑스 항공	UTA French Airlines	프랑스
VS	버진 아틀란틱 항공	Virgin Atlantic Airways	영국

호텔

1. 예약 76
2. 체크인 79
3. 호텔 서비스 82
4. 호텔에서의 문제 89
5. 호텔 시설 이용 92
6. 체재기간 변경과 체크아웃 97

① 예약

현지에 도착해서 최초로 숙박하는 호텔은 한국에서 예약해 두는 것이 요금면에서 더 유리하다. 현지에서 찾을 경우에는 공항 내, 주요 역 또는 시내에 있는 관광 안내소에서 소개받는 것이 좋다. 비행기 사정으로 밤 늦게 도착한 경우에는 관광 안내소가 닫혀 있으므로 바로 호텔로 가든지 전화로 방을 구하면 된다. 예약을 할 경우에는 방 종류와 요금 등을 명확히 알아둔다.

1. 오늘밤 호텔을 예약하고 싶은데요.
   I'd like to reserve a hotel room for tonight.
   아이드 라익 투 리저-브 어 호텔 룸 포 투나잇

2. 오늘밤부터 사흘간 트윈룸을 부탁합니다.
   I'd like a twin room for three nights, please.
   아이드 라이커 트윈 룸 포 뜨리 나잇츠 플리이즈

3. 더블은 있습니까?
   Do you have a double available?
   두 유 해버 더블 어베일러블

4. 숙박료는 얼마입니까?
   What is the rate?
   왓 이즈 더 뢰이트

5. 욕조(샤워)는 있습니까?
   Is a bath(shower) available?
   이즈 어 배쓰(샤워) 어베일러블

6. 더 싼 방은 없습니까?
Is a less expensive room available?
이즈 어 레스 익스펜시브 룸 어베일러블

7. 그 방이 좋습니다.
That's fine.
댓츠 퐈인

8. 바다(산)를 볼 수 있는 방이 좋겠습니다.
I'd like a sea(mountain) side room.
아이드 라이커 씨(마운틴) 사이드 룸

9. 싱글룸 요금은 1박에 얼마입니까?
What is the rate for a single room per night?
왓 이즈 더 뢰이트 포 어 싱글 룸 퍼 나잇

10. 샤워만 있는 방이 아니라 욕조가 있는 방으로 부탁합니다.
I'd like a room with a bath not just a shower.
아이드 라이커 룸 위드 어 배쓰 낫 저스트 어 샤워

11. 방에 냉장고가 있습니까?
Is there a refrigerator in the room?
이즈 데어 어 리프리저레이러 인 더 룸

12. 아침식사가 포함된 요금입니까?
Does this rate include breakfast?
더즈 디스 뢰이트 인클루드 브렉퍼스트

13. 아뇨, 객실료 뿐입니다.
No, only room charge.
노우 온니 룸 촤-지

14. 서비스료는 어떻게 됩니까?
What is the service charge?
왓 이즈 더 서비스 촤-지

15. 숙박료에 15퍼센트 가산됩니다.
Fifteen percent is added to the room charge.
퓌프틴 퍼센트 이즈 애디드 투 더 룸 촤-지

16. 세금은 포함되어 있습니까?
Is tax included?
이즈 텍스 인클루디드

17. 요금은 언제 지불하면 됩니까?
When should I pay?
웬 슈다이 페이

18. 체크 아웃 때 부탁합니다.
When you check out, please.
웬 유 체크 아웃 플리이즈

객실의 종류

- 싱글 룸 (single room) : 침대가 하나인 1인용 방
- 트윈 룸 (twin room) : 2인용 방이지만 더블 베드가 아니라 싱글 베드가 두 개 있다. 싱글 룸보다 요금이 싸다.
- 더블 룸 (double room) : 2인용 방으로 더블 베드를 사용한다.
- 트리플 룸 (triple room) : 3인용 방으로 싱글 베드 세 개 있는 것과 더블 베드 하나, 싱글 베드 하나가 있는 경우가 있다.
- 스위트 룸 (suite room) : 객실에 침실, 거실, 부엌, 욕실 등이 완비되어 있다.
- 스튜디오 트윈 룸 (studio twin room) : 싱글 베드 하나, 소파 겸용 베드가 하니 놓인 2인용 방

② 체크인

보통 호텔의 체크인은 오후 2시 이후로 되어 있는데 도착이 오후 6시 이후가 될 경우에는 사전에 연락해 두지 않으면 예약이 취소되는 경우도 있다. 체크인을 할 경우에는 여권과 예약확인서를 제출하고 숙박카드에 필요사항을 기입한다. 방의 종류, 요금, 체재일수를 확인하면 된다. 준비된 방이 마음에 들지 않을 때에는 자신의 요구사항을 말해서 바꾸어 달라고 한다.

1. 체크인을 부탁합니다.
I'd like to check in, please.
아이드 라익 투 체크 인 플리이즈

2. 예약했습니까?
Did you make a reservation?
디쥬 메이커 레저베이션

3. 예약을 했습니다. 이것이 예약 확인서입니다.
I made a reservation. This is the confirmation.
아이 메이드 어 레저베이션 디스 이즈 더 칸퓌메이션

4. 여행사를 통해서 예약했습니다.
The travel agency made a reservation for me.
더 츄래블 에이전시 메이드 어 레저베이션 포 미

5. 한국 서울에서 온 김입니다.
I am Kim from Seoul, Korea.
아이 엠 김 프롬 서울 코리아

6. 오늘부터 사흘 예약한 김입니다.
I am Kim and I have a reservation for 3 nights.
아이 엠 김 앤 아이 해버 레저베이션 포 뜨리 나잇츠

7. 체크인은 몇 시부터입니까?
When's the check-in time?
웬즈 더 체크 인 타임

8. 체크인까지 가방을 맡아 주시겠습니까?
Can you keep my bags until I check-in?
캔 유 킵 마이 백스 언틸 아이 체크인

9. 도착이 늦어지는데 예약은 취소하지 않겠습니다.
I'll be late, but I won't cancel my reservation.
아일 비 레이트 벗 아이 오운트 캔슬 마이 레저베이션

10. 비행기 사정으로 도착이 늦겠습니다.
I'll be late because of the plane.
아일 비 레잇 비코우즈 어브 더 플레인

11. 체크인은 언제 하시겠어요?
When would you like to check-in?
웬 우쥬 라익 투 체크인

12. 오후 10시경에는 거기에 도착할 수 있을 것 같습니다.
I think I'll get there around ten p.m.
아이 띵크 아일 겟 데어 어롸운드 텐 피엠

13. 이 숙박카드에 기입해 주시겠습니까?
Will you fill out this registration card, please?
윌 유 필 아웃 디스 레지스트레이션 카드 플리이즈

14. 예약이 되어 있지 않은데요.
I'm afraid we didn't get your reservation.
아임 어프레이드 위 디든 겟 유어 레저베이션

15. 내 실수가 아닙니다. 어떻게든 조치해 주실 수 없겠어요?
That's not my fault. Can't you make any arrangement?
댓츠 낫 마이 폴트 캔 유 메이크 애니 어레인쥐먼트

16. 다른 호텔을 소개해 주시겠습니까?
Can you recommend any other hotel?
캔 유 레커멘드 애니 아더 호텔

17. 확인을 위해 신용카드를 보여 주십시오.
May I see your credit card to check?
메 아이 씨 유어 크레딧 카-드 투 체크

18. 예약 확인서를 가지고 있습니까?
Do you have a confirmation letter?
두 유 해버 칸퍼메이션 레러

19. 한국어 할 줄 아는 분은 없습니까?
Is there anyone who speaks Korean?
이즈 데어 애니원 후 스뻭스 코리언

예약이 취소되는 일을 방지하려면?

여행대리점을 통해 호텔을 예약했다면 예약확인서(confirmation slip)를 받아두고 체크인할 때 제출한다. 예약확인서가 없을 경우에는 호텔 이름, 객실요금, 방 종류 등 최소한의 사항은 잘 알아 둘 것. 또한 공항에 도착하면 재확인(reconfirm) 전화를 해 둔다.

③ 호텔 서비스

욕실을 이용할 때는 밖으로 물이 튀지 않도록 커튼을 치며 수건은 용도에 따라 사용한다. 작은 타올은 몸을 씻는 데 사용하고, 중간 타올은 얼굴, 큰 타올은 몸, 두꺼운 타올은 발을 닦는 데 사용한다. 복도에서는 큰 소리로 떠들지 않으며 객실 내의 물건은 허가없이 가지고 나와서는 안 된다. 여행자 수표나 여권 등의 귀중품은 프론트에서 대여금고(Safety Box)를 빌려서 맡겨 둔다.

1. 이 가방들을 방까지 날라 주시겠습니까?
Could you please bring these bags to my room?
크쥬 플리이즈 브링 디즈 백스 투 마이 룸

2. 오후 1시에 택시를 불러 주시겠습니까?
Could you please get a taxi for me at one p.m.?
크쥬 플리이즈 겟 어 택시 포 미 앳 원 피엠

3. 호텔 내의 서비스에 관해 알려 주시겠습니까?
Can you tell me about the hotel service?
캔유 텔 미 어바웃 더 호텔 서비스

4. 외출하겠습니다. 열쇠를 맡아 주십시오.
I'm going out. Please keep the key.
아임 고잉 아웃 플리이즈 킵 더 키

5. 돌아오는 시간은 몇 시경입니까?
What time will you be back?
왓 타임 윌 유 비 백

6. 6시까지 돌아오겠습니다.
I'll be back by six.
아일 비 백 바이 씩스

7. 903호실 열쇠를 부탁합니다.
Room number 903, please.
룸 넘버 나인오뜨리 플리이즈

8. 무료로 주는 얼음은 있습니까?
Are there free ice cubes?
아 데어 프리 아이스 큐브스

9. 각 층마다 엘리베이터 옆에 아이스 박스가 있습니다.
Each floor has an ice dispenser beside the elevator.
이치 플로어 해즈 언 아이스 디스펜서 비사이드 디 엘리베이러

세탁 서비스

1. 세탁 서비스는 있습니까?
Do you have laundry service?
두 유 해브 런쥬리 서비스

2. 와이셔츠를 세탁해 주시겠습니까?
Can you launder my shirt, please?
캔 유 론더 마이 셔트 플리이즈

3. 와이셔츠를 세탁하는 데는 시간이 얼마나 걸립니까?
How long does it take to have dress shirts cleaned?
하우 롱 더즈 잇 테익 투 해브 드레스 셔츠 클리인드

4. 곧 됩니까?
How soon can you get it done?
하우 순 캔 유 겟 잇 던

5. 2~3일 걸립니다.
It takes a couple of days.
잇 테익스 어 커플 어브 데이즈

6. 3일 전에 맡긴 세탁물을 아직 받지 못했습니다.
I haven't gotten the laundry yet which I gave you three days ago.
아이 해븐트 갓튼 더 런쥬리 옛 위치 아이 게이브 유 뜨리 데이즈 어고우

실용단어

청소	드라이클리닝	세탁
cleaning 클리닝	dry cleaning 쥬라이 클리닝	cleaning / laundry 클리닝 / 런쥬리
다리미	얼룩 제거	마침
iron 아이언	removal of stains 리무벌 어브 스테인스	finishing 피니슁

대여금고

1. 귀중품을 맡기고 싶습니다.
I'd like to ask you to keep my valuables.
아이드 라익 투 애스크 유 투 킵 마이 밸루어블스

2. 귀중품은 어떻게 하면 좋습니까?
What should I do about my valuables?
왓 슈다이 두 어바웃 마이 밸루어블스

3. 각 방에 안전금고가 있습니다만, 저희가 맡아줄 수도 있습니다.
There is a safety box in each room but we can keep it, too. 데어 이즈 어 세이프티 박스 인 이치 룸 벗 위 캔 킵 잇 투

4. 맡겨둔 귀중품을 찾고 싶습니다.
I'd like to collect my valuables which you're holding. 아이드 라익 투 콜렉트 마이 밸루어블스 위치 유어 홀딩

룸 서비스

1. 아침 6시에 모닝콜을 부탁합니다.
Please give me a wake-up call at six o'clock.
플리이즈 김미 어 웨이크업 콜 앳 씩스 어클락

2. 룸 서비스를 받을 수 있습니까?
Can I get room service?
캐나이 겟 룸 서비스

3. 방 청소를 부탁합니다.
I'd like to ask you to clean up my room.
아이드 라익 투 애스크 유 투 클리인 업 마이 룸

4. 룸 서비스 부탁합니다. 샌드위치와 커피 2인분 부탁합니다.
Room service, please. Sandwiches and coffee for two, please. 룸 서비스 플리이즈 샌위치스 앤 커피 포 투 플리이즈

5. 모포를 1장 더 주십시오.
Can I get an extra blanket, please?
캐나이 겟 언 엑스츄라 블랭킷 플리이즈

6. 보이 한 명을 방으로 보내주시겠습니까?
Could you please send a boy to my room?
크쥬 플리이즈 센드 어 보이 투 마이 룸

호텔 이용

1. 연극표를 사 줄 수 있습니까?
Can I ask you to get tickets for play?
캐나이 애스크 유 투 겟 티켓츠 포 플레이

2. 지금 어떤 공연을 하고 있는지 가르쳐 주시겠습니까?
Can you tell me what shows are playing now?
캔 유 텔 미 왓 쇼우즈 아 플레잉 나우

3. 뉴욕 시티 발레단의 표를 사 주겠습니까?
Can you get me tickets for New York City Ballet?
캔 유 겟 미 티켓츠 포 뉴욕 씨티 밸레이

4. 좌석의 종류는 알아서 골라 주시겠습니까?
Will you please choose the seating?
윌 유 플리이즈 츄즈 더 씨잇팅

5. 값은 어느 정도입니까?
What is the price range for seats?
왓 이즈 더 프라이스 레인쥐 포 씨잇츠

6. 오늘 저녁식사 예약을 해 주시겠습니까?
Could you please make a reservation for dinner tonight?
크쥬 플리이즈 메이커 레저베이션 포 디너 투나잇

7. 시간과 인원을 가르쳐 주시겠습니까?
Could you tell me what time and how many people?
크쥬 텔 미 왓 타임 앤 하우 매니 피-플

8. 7시에 3인석을 부탁합니다.
I'd like a table for three for seven o'clock.
아이드 라이커 테이블 포 뜨리 포 세븐 어클락

실용단어

극장	연극	공연
theater 씨어러	play 플레이	public performance 퍼블릭 퍼포먼스
예매권	**자유석**	**지정석**
advance ticket 어드밴스 티켓	free seating 프리 씨팅	reserved seat 리저브드 씨잇
시작	**개장**	
start 스타트	opening 오프닝	

전화/우편 서비스

1. 내선전화 거는 법을 가르쳐 주십시오.
Please tell me how to use an extension phone.
플리이즈 텔 미 하우 투 유즈 언 익스텐션 포운

2. 이 편지를 항공편으로 부쳐 주시겠습니까?
Could you mail this letter for me by air?
크쥬 메일 디스 레러 포 미 바이 에어

3. 이 엽서는 항공우편으로 한국까지 시간이 얼마나 걸립니까?
How long does it take by air mail to send this card to Korea? 하우 롱 더즈 잇 테익 바이 에어 메일 투 센 디스 카-드 투 코리아

4. 우편요금은 얼마입니까?
How much does it cost?
하우 머춰 더즈 잇 코스트

5. 나에게 온 메시지는 없습니까?
Are there any messages for me?
아 데어 애니 메시쥐스 포 미

6. 메시지는 없습니다만, 편지가 1통 있습니다.
No, we didn't receive messages, but there is a letter for you.
노우 위 디든 리시브 메시쥐스 벗 데어 이즈 어 레러 포 유

④ 호텔에서의 문제

호텔에서 어떤 문제가 생겼을 때는 당황하지 말고 즉시 프론트에 연락한다. 전화로는 의사가 잘 전달되지 않고 또 방을 떠날 수 없는 피치 못할 상황일 경우에는 누군가를 보내 달라고 요청한다. 문제가 일어나면 보통은 당황하게 되지만 잊지 말고 프론트에 전화해서 최소한의 메시지라도 확실하게 전하는 것이 좋다.

1. 미안하지만, 열쇠를 방에 두고 왔습니다.
I'm sorry, I left the key in my room.
아임 쏘오리 아이 레프트 더 키 인 마이 룸

2. 카드키의 사용법을 모르겠습니다.
I don't know how to use the card key.
아론 노우 하우 투 유즈 더 카드 키

3. 열쇠를 잃어버렸습니다.
I lost the key.
아이 로스트 더 키

4. 자물쇠가 망가진 것 같은데요. 잠기지 않아요.
I can't lock it. It seems broken.
아이 캔 락 잇 잇 씸스 브로큰

5. 시트가 더러운데요.
I'm afraid the sheets are not clean.
아임 어프뤠이드 더 쉬이츠 아 낫 클리인

6. 타월을 새 것으로 바꿔 주시겠습니까?
Will you change this towel for a new one?
윌 유 췌인쥐 디스 타월 포 어 뉴 원

7. 더운 물이 나오지 않습니다.
I can't get hot water.
아이 캔 겟 핫 워러

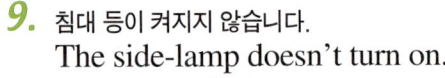

8. 방이 너무 춥습니다(덥습니다).
It is too cold(hot).
잇 이즈 투 콜드(핫)

9. 침대 등이 켜지지 않습니다.
The side-lamp doesn't turn on.
더 사이드 램프 더즌 턴 언

10. 욕실에 샴푸가 없습니다.
There is no shampoo in the bathroom.
데어 이즈 노우 샴푸 인 더 배쓰룸

11. 화장실이 고장인 것 같습니다. 어떻게 좀 해 주십시오.
I'm afraid the toilet doesn't work. I need help.
아임 어프레이드 더 토일릿 더즌 워크 아이 니드 헬프

12. 이 방은 너무 시끄러워서 못 자겠어요.
It's too noisy to sleep in this room.
잇츠 투 노이지 투 슬리잎 인 디스 룸

13. 방을 바꾸고 싶습니다.
Could I change my room, please?
쿠다이 췌인쥐 마이 룸 플리이즈

14. TV(라디오)가 고장입니다.
The TV(radio) doesn't work.
더 티브이(레디오) 더즌 워크

15. 점검할 수 있는 사람을 불러 주십시오.
Please ask somebody to check it.
플리이즈 애스크 썸바디 투 체크 잇

16. 에어컨이 전혀 작동되지 않습니다.
The air conditioning doesn't work at all.
디 에어 컨디셔닝 더즌 워크 앳 올

17. 실내 스위치를 설명해 주시겠습니까?
Could you please explain to me about these switches? 크쥬 플리이즈 익스플레인 투 미 어바웃 디즈 스위취즈

18. 욕조에서 물이 넘쳤습니다.
The water ran over the tub.
더 워러 뢴 오버 더 텁

실용단어

비누	샴푸	린스	냉방
soap 소웁	shampoo 섐푸	hair conditioner 헤어 컨디셔너	air conditioning 에어 컨디셔닝
난방	더운	추운	시원한
heating 히팅	hot 핫	cold 콜드	cool 쿨
냉장고	성냥	드라이어	베개
refrigerator 리프리저레이러	match 매취	drier 드라이어	pillow 필로우
알람시계	모포	시트	편지지
alarm clock 얼람 클락	blanket 블랭킷	sheet 쉿트	letter paper 레러 페이퍼

❺ 호텔 시설 이용

호텔은 투숙객이 쾌적하게 보낼 수 있도록 여러 가지 서비스를 준비해 두고 있다. 서비스를 능숙히 사용해서 호텔 생활을 즐겁게 보내면서 여유있는 여행을 하도록 하자. 호텔의 이용과 서비스에 관한 안내는 방에 비치되어 있는 호텔가이드에 나와 있다. 예약, 불편 또는 안내 등 모르는 것이 있으면 프론트와 상의해서 조언을 받는 것이 좋다.

1. 호텔에는 어떤 시설이 있습니까?
What kind of facilities are there in the hotel?
왓 카인 어브 퍼실리티스 아 데어 인 더 호텔

2. 호텔 내에 기념품점이 있습니까?
Is there a souvenir shop in the hotel?
이즈 데어 어 수버니어 샵 인 더 호텔

3. 어떤 것을 팔고 있습니까?
What kind of gifts do they have?
왓 카인 어브 기프츠 두 데이 해브

4. 숙박자는 수영장을 무료로 이용할 수 있습니까?
Do the guests swim in the pool without charge?
두 더 게스츠 스윔 인 더 풀 위다웃 촤-지

5. 수영장 이용 방법을 가르쳐 주십시오.
What's the procedure for using the pool?
왓츠 더 프로시줘 포 유징 더 풀

6. 샤워실은 있습니까?
Is there a shower room?
이즈 데어 어 샤워 룸

7. 테니스 코트는 무료로 이용할 수 있습니까?
Can I use a tennis court without any charge?
캐나이 유즈 어 테니스 코트 위다웃 애니 촤-지

8. 사우나는 있습니까?
Is there a sauna?
이즈 데어 어 사우나

미용실

1. 호텔 내에 미용실은 있습니까?
Is there a hair salon in the hotel?
이즈 데어 어 헤어 썰란 인 더 호텔

2. 미용실을 예약하고 싶습니다.
I'd like to make a reservation for the girl salon.
아이드 라익 투 메이커 레저베이션 포 더 걸 썰란

3. 미용실은 예약해야 합니까?
Do I need to make a reservation for the hair salon?
두 아이 니드 투 메이커 레저베이션 포 더 헤어 썰란

4. 예약할 필요 없습니다.
You don't need a reservation.
유 돈 니드 어 레저베이션

5. 오후 3시 30분에 예약하고 싶습니다.
I want to make a reservation for three-thirty p.m.
아이 원 투 메이커 레저베이션 포 뜨리 떠리 피엠

6. 커트해 주십시오.
Please cut my hair.
플리이즈 컷 마이 헤어

7. 얼마나 자를까요?
How much would you like to cut?
하우 머취 우쥬 라익 투 컷

8. 약간만 다듬어 주십시오.
Not so much. Just make all the same length.
낫 소우 머취 쥬스트 메이크 올 더 세임 렝쓰

9. 유행하는 스타일로 해 주십시오.
I'd like to try a hair style now in fashion.
아이드 라익 투 츄라이 어 헤어 스타일 나우 인 패션

10. 헤어 카달로그 같은 걸 좀 보여 주시겠습니까?
Would you show me a hair catalogue or something, please? 우쥬 쇼우 미 어 헤어 캐털록 오어 썸띵 플리이즈

11. 퍼머해 주십시오.
I'd like to have a permanent wave.
아이드 라익 투 해버 퍼머넌트 웨이브

실용단어

1층(영)	2층(영)	1층(미)	2층(미)
ground floor 그라운드 플로어	first floor 퍼스트 플로어	first floor 퍼스트 플로어	second floor 세컨드 플로어
중간층	입장 금지	아케이드	식당
mezzanine 메저닌	keep out 킵 아웃	arcade 아케이드	dining room 다이닝 룸
연회장	지하	최상층	미용실
banquet room 뱅큇 룸	basement 베이스먼트	top floor 탑 플로어	beauty parlor 뷰티 팔러
수영장	테니스 코트	샤워실	사용료
swimming pool 스위밍 풀	tennis court 테니스 코트	shower court 샤워 코트	fee 피이
무료	숙박자	자동판매기	라운지
free 프리	guest / client 게스트 / 클라이언트	vending machine 벤딩 머신	lounge 라운지
비상구	엘리베이터	고장	비상계단
emergency exit 이머전시 엑시트	elevator / lift 엘리베이러 / 리프트	out of order 아웃 어브 오더	emergency stairway 이머전시 스테어웨이

Tip

- 미국에서는 서비스를 받으면 팁을 준다. 팁이 일상화되지 않은 한국인에게는 부자연스럽고 불필요한 지출 같은 기분이 들지도 모른다. 또한 미국 방문이 처음인 경우 팁을 어떻게 주는지 몰라 두려움을 느끼는 사람들도 있다.

- 택시를 타면 팁이 필요하다. 요금의 10~15%, 가까운 거리를 가더라도 50센트 정도는 준다. 거스름 돈을 받는 경우 팁을 제외한 금액을 말해 주면 된다. 예를 들어, "2 dollars back, please."라고 하면 된다.

- 레스토랑에서는 총 금액의 10~15%, 단 청구서에 서비스 비용이 포함되어 있는 경우는 잔돈 정도를 테이블 위에 놓아 두면 된다.

- 호텔에서는 특별히 신세를 끼친 경우 외에는 객실 종업원에게 팁을 주지 않아도 된다. 룸 서비스를 부탁한 경우는 1달러 정도를 준다.

호텔 서비스

귀중품 관리
cashier에게 금고(Safety Box)를 빌려서 보관한다.

룸 서비스 (Room Service)
방에서 식사를 하거나 음료를 주문할 수 있다. 객실 책상에 비치되어 있는 메뉴를 보고 전화로 주문한다. 가지고 온 보이에게는 팁을 준다.

모닝 콜 (Morning Call)
교환에게 시간과 방 번호를 알려준다.

세탁 서비스 (Laundry Service)
방에 비치되어 있는 「LAUNDRY」라고 씌어진 자루에 세탁물을 넣고 신청용지에 필요사항을 기입해 두면 룸메이드가 가지고 간다. 전화로 룸메이드에게 세탁물을 맡길 수도 있다.

안내 (Information)
메시지나 편지를 맡아 주고 식당을 예약할 수도 있다. 리조트 호텔에는 스포츠 전문 데스크(Activity Desk)가 있다. 그외 소포 포장 상자의 준비 또는 발송, 우편물의 발송, 전보 등의 접수를 받는다. 필요에 따라 팁을 줄 것.

방을 청소하고 싶을 때
「Make up my room, please」라는 문구를 적어 문 밖에 걸어 둔다.

베이비 시터 (Baby Seater)
아이들을 맡길 수 있다.

입장권의 예약 · 구입
(스포츠, 연극 등) 인포메이션(미), 컨시어쥬(유럽)에게 부탁한다.

❻ 체재기간 변경과 체크아웃

체크아웃은 12시까지로 되어 있는 경우가 많다. 출발객들로 프론트가 붐비는 오전중에는 다소 기다리는 것을 각오하는 것이 좋다.

아침 일찍 출발하는 경우에는 전날 밤에 정산을 마쳐 둔다. 영수증의 명세는 확실히 검토해서 틀림 없는지 확인한 다음 지불한다. 체크아웃 후 출발까지 시간이 있을 경우에는 프론트에 짐을 맡겨둔다.

1. 체재를 이틀 연장하고 싶습니다.
I'd like to stay two more nights, please.
아이드 라익 투 스테이 투 모어 나잇츠 플리이즈

2. 체크아웃을 부탁합니다.
I'd like to check out.
아이드 라익 투 체크 아웃

3. 내일 아침 7시에 가방을 가지러 와 주십시오.
Please come to get my bags at seven.
플리이즈 컴 투 겟 마이 백스 앳 세븐

4. 지불은 현금입니까, 카드입니까?
Cash or credit card?
캐쉬 오어 크레딧 카-드

5. 지불을 마스터 카드로 할 수 있습니까?
Can I use the Master credit card?
캐나이 유즈 더 매스터 크레딧 카-드

6. 명세서를 볼 수 있습니까?
Can I see the bill, please?
캐나이 씨 더 빌 플리즈

7. 영수증을 주십시오.
Please give me a receipt.
플리즈 김미 어 리시트

8. (명세를 확인하며) 이것은 무슨 요금입니까?
What is this for?
왓 이즈 디스 포

9. 명세가 틀린 것 같습니다. 다시 검토해 주시겠습니까?
I think this is wrong. Could you please check it again? 아이 띵크 디스 이즈 롱 크쥬 플리즈 첵 잇 어겐

10. 나는 전화를 쓰지 않았습니다.
I didn't make any phone calls.
아이 디든 메이크 애니 포운 콜스

11. 가방을 택시까지 운반해 주시겠습니까?
Could you please bring my bags to the taxi?
크쥬 플리즈 브링 마이 백스 투 더 택시

12. 이 가방을 2시간 정도 더 맡아 주시겠습니까?
Could you please keep my bags for two more hours?
크쥬 플리즈 킵 마이 백스 포 투 모어 아워스

13. 맡겨둔 귀중품을 주십시오.
Can I have my valuables which you're holding?
캐나이 해브 마이 밸루어블스 위치 유어 홀딩

14. 12시 비행기에 타려면 몇 시에 출발하면 됩니까?
When should I leave here for a twelve o'clock flight?
웬 슈다이 리-브 히어 포 어 트웰브 어클락 플라잇

15. 공항까지 리무진 버스를 이용할 수 있습니까?
Is it possible to use a limousine bus to the airport?
이즈 잇 파서블 투 유즈 어 리무진 버스 투 디 에어포트

16. 공항행 리무진 버스는 몇 분 간격으로 운행합니까?
How often does the limousine leave for the airport?
하우 오픈 더즈 더 리무진 리-브 포 디 에어포트

17. 30분마다 운행합니다.
Every thirty minutes.
에브리 떠리 미니츠

18. 다음 리무진 버스는 언제 떠납니까?
When does the next limousine leave?
웬 더즈 더 넥스트 리무진 리-브

19. 덕분에 잘 쉬었습니다.
Thank you very much, I really had a good time.
땡큐 베리 머취 아이 뤼얼리 해더 굿 타임

실용단어

정산하다	회계	서비스료	실내 냉장고
pay bill	cashier	service charge	small bar
페이 빌	캐셔	서비스 촤-지	스몰 바
외선전화	세금	안전금고	영수증
outside call	tax	safety-box	receipt
아웃사이드 콜	택스	세이프티 박스	리시트

미국의 숙박시설

미국에는 호텔 외에도 간편하고 요금이 싼 모텔, 젊은이 대상의 유스호스텔 등 여러 가지 숙박시설이 있다. 행선지, 일정, 교통수단과 예산에 따라 어떤 종류의 숙소를 택할 것인가를 결정한다.

YMCA와 YWCA
25~30불로 숙박이 가능하다. 중심지에 있으며, 주변에 편리한 시설이 많은 대신 건물이 낡고 서비스가 좋지 않은 것이 단점이다. 화장실과 샤워실은 공용이며, 스포츠 시설이 있다.

유스호스텔 (Youth Hostel)
- 회원은 누구나 이용할 수 있으며, 연령 제한은 없다. 대도시와 유명관광지 외에도 미국 전역에 약 200여 개가 있다. YMCA나 YWCA를 겸하고 있는 곳도 있다. 여름시즌에만 문을 여는 곳도 있다. 비교적 시설이 깨끗할 뿐만 아니라 국제적인 분위기로 가득 차 있어 여행정보의 장으로 활기가 넘치는 것이 장점이다. 여성들도 안심하고 숙박할 수 있고, 가족단위로 이용할 수도 있다. 단, 다운타운에서 멀리 떨어져 있는 곳에 있는 경우가 많아 교통은 나쁜 편.
- 요금은 도시에 따라 차이가 있는데, 1박에 1인당 $15~20로 싼 편이다. 원칙적으로는 예약이 필요 없고 체크인 시간에 직접 가면 된다. 체크인은 대개 오후 5~8시, 체크아웃은 오전 9시 30분까지.
- 방은 기숙사 형식으로 2단 침대나 3단 침대로 되어 있다. 침대 시트와 베개 커버는 임대제로, 대부분 숙박요금에 포함되어 있다. 지역에 따라서는 저렴한 비용으로 아침과 저녁식사를 할 수 있는 곳도 있는데, 보통 체크인할 때 식사비를 지불하고 티켓을 받아, 다음 날 식사 때 회수하는 간단한 형식. 아침식사는 $3~4로 빵과 커피 정도지만, 저녁은 $6~10의 정식이 나오는 곳도 있다. 거의 부엌시설이 있으므로 슈퍼 등에서 재료를 사서 직접 음식을 만들면 경비도 절약할 수 있다. 애완동물과 술은 반입 금지.

모텔
자동차여행시 빼놓을 수 없는 숙소. 도로변에 'vacancy' 또는 'no vacancy'의 간판이 붙어 있어 차 안에서도 숙박 여부를 결정할 수 있다. 체크인과 체크아웃은 보통 정오인데 밤에도 'vacancy' 사인이 있으면 묵을 수 있다. 객실은 호텔과 마찬가지. 요금은 방 하나에 $30~50, 세금은 6~12%. 선불로 요금을 내며 신용카드를 쓸 수 없는 곳도 있다.

B & B (Bed and Breakfast)
'bed and breakfast'의 약자로 개인이 경영하는 민박식 호텔. 일반가정에 묵는 것 같은 따뜻함을 느낄 수 있다. 숙박요금은 싱글 $50~100, 더블 $60~110로, 아침식사가 나온다. 시내중심가보다는 교외나 시골마을에 많으며, 서해안 쪽의 몬터레이와 카멜의 B&B는 바다가 보이는 로맨틱한 분위기로 특히 인기가 있다.

호텔
- 객실료와 조·중·석식을 포함하는 MAP(Modified American Plan), 객실료만 받고 식사는 제공하지 않는 EP(European Plan)로 분류되는데 리조트 호텔의 일부를 제외하고는 미국의 경우 대부분 EP를 채택하고 있다. 1급이라는 딱지가 붙은 호텔은 장소와 시즌에 따라 차이가 있지만 평균 트윈으로 1박에 $100 이상이다. 중급인 경우는 $50~70 정도. 그 이하인 $30~50인 숙박시설은 쾌적도나 치안면에서 문제가 있다. 어떤 급이든지 정규숙박요금 외에 세금이 따로 6~12% 붙는 점에 유의한다. 한국과는 달리 대부분의 호텔은 예약을 하지 않아도 된다. 단, 복잡한 뉴욕

과 로스앤젤레스, 샌프란시스코 등에서 1박을 할 때는 한국에서 미리 예약을 해둔다. 호텔의 체크인 시간은 오후 3시경부터이다. 그 이전에 도착했으면 로비에서 방이 빌 때까지 기다린다. 체크인 마감은 보통 오후 6시. 이 시간까지 도착하지 않으면 예약을 취소했다고 보고 다른 손님에게 방을 주게 되므로 도착이 늦어질 때는 반드시 전화로 호텔에 이유를 설명하고 객실을 그대로 두도록 부탁한다. 요금지불은 신용카드와 현금(여행자수표도 포함) 지불의 2가지가 있다. 현금으로 지불할 경우는 대부분 보증금을 요구하는데 숙박일수의 상당액을 요구한다. 체크아웃 때는 계산된 요금이 보증금보다 적을 경우 그 차액은 돌려 준다. 체크아웃은 보통 오전 10시 30분 경이며 숙박요금과 세금, 전화료, 클리닝대금, 식사비 등을 정산해야 하므로 미리 청구서를 준비해 달라고 부탁하면 카운터에서 기다리는 수고를 덜 수 있다.

- 문이 자동으로 잠기므로 방에서 나올 때는 항상 열쇠를 가지고 나와야 하고, 외출할 때는 프론트에 맡겨 분실 염려를 던다. 간혹 베란다도 문을 열고 나오면 자동으로 닫히는 경우가 있으므로 주의한다. 방 밖은 공공장소이므로 옆방에 가더라도 잠옷과 슬리퍼는 곤란하다. 또 해변의 호텔이라도 수영복 차림으로 로비나 거리를 다니는 것은 예의에 어긋나므로, 수영복 위에 티셔츠 등을 걸친다. 세탁물은 발코니에 널지 말고 욕실을 이용하도록. 샤워 커튼을 욕조 안에 넣어 물이 넘치지 않게 하는 것도 잊지 말자.

▶ 체인 호텔 문의 및 상담

- 유스호스텔(Youth Hostel) ☎(02)725-3031
- 홀리데이 인(Holiday Inn) ☎(02)753-9753
- 힐튼(Hilton) ☎(0078)651-1818
- 인터콘티넨탈(Inter-Continental) ☎(02)555-5656
- 쉐라턴(Sheraton) ☎(02)450-4646
- 르네상스(Renaissance) ☎(02)565-5544
- 하얏트(Hyatt) ☎(02)795-8033
- 웨스틴(Westin) ☎(02)317-0404
- 스위스그랜드(Swissotel) ☎(02)350-8427
- 리츠칼턴(Ritz-Carton) ☎(02)3451-8000

▶ 해외 호텔 예약 전문 서비스

여행할 도시와 이용시기, 원하는 가격을 전화나 팩스로 알리기만 하면 된다. 예약이 완료되면 바로 예약확인서(voucher)를 우편이나 팩스 등으로 보내준다. 요금은 출발 전 한국이나 현지에서 신용카드로 지불하면 되는데, 할인요금에 대한 정보가 빨라 정규요금보다 30~50% 싸게 예약 가능하다. 예약을 취소할 경우는 반드시 업체에 통보해야 하고 예약취소 최종일을 넘겨 취소하게 되면 취소료(cancel charge)를 따로 내야 한다.

유럽의 숙박시설

유럽의 숙박 시설은 궁전 타입의 호화로운 호텔부터 소박한 오두막집이나 민박, 펜션, 유스호스텔, 대학 기숙사, 캠핑장에 이르기까지 종류가 다양하다.

▶ 호텔

- 호텔은 시설과 서비스의 질적인 차이에 따라서 특급 호텔(Deluxe Hotel), 1급 호텔(First Class Hotel), 2급 호텔(Standard Class Hotel), 관광급 호텔(Tourist Class Hotel) 등으로 나눌 수 있다. 영국은 정부에 의해 호텔 등급이 정해져 있지 않고 최고급, 고급, 1급, 2급의 네 등급으로 나뉜다. 프랑스는 호텔 협회에서 별 하나부터 넷까지 등급이 매겨지며 객실 요금은 이것에 의해 결정된다. 스위스는 스위스 관광국에 의해 별 하나에서 다섯까지 다섯 등급으로 나뉜다. 스페인은 정부에 의해 여관급의 펜션부터 최고급 호텔까지 등급이 매겨진다.
- 호텔에 도착하면 'Reception' 또는 'Guest' 라는 사인이 붙은 호텔 로비의 프론트 창구로 가서 예약을 확인한 후 숙박계를 작성한다. 보통 체크 인 시간은 20:00~21:00 사이에 끝난다. 체크

아웃은 객실 계약을 해지하는 것을 말한다. 11:00~12:00 사이에 종료되며 객실의 열쇠를 돌려주고 요금을 정산하면 체크 아웃 절차가 끝난다.
- 객실 안의 냉장고 안에 들어 있는 음료, 스낵, 알코올은 유료이다. 심지어 냉장고 문을 열고 술이나 음료수 병을 꺼낸 뒤 먹지 않고 도로 넣어도 모두 먹은 것으로 계산되는 경우도 있으므로 주의한다. 호텔 객실 안에 있는 슬리퍼를 신고 식당이나 로비까지 나오는 것은 절대 안 된다. 심한 경우 식당 출입을 금지당할 수도 있으므로 주의한다.
- 유럽의 호텔은 목욕탕 안에 물이 빠지는 하수구가 욕조 안에 한 개밖에 없다. 따라서 욕조 밖에서 목욕을 하면 물이 빠지지 않고 객실 카페트에 스며들어 아래층까지 피해를 주게 되는 경우도 있는데, 이 때는 고액의 손해 배상을 해야 한다.

펜션 (Pension)
- 우리 나라의 여관과 비슷한 숙소로 이탈리아, 스페인, 포르투갈 등의 나라에 많다. 가격이 저렴하고 가정적인 분위기를 느낄 수 있다.
- 프랑스에서는 팡시옹(Pension), 영국에서는 인(Inn), 독일에서는 게스트하우스(Gesthaus)로 불린다. 펜션은 국내에서 예약을 하는 것이 불가능하므로 현지에서 직접 방문하여 투숙 절차를 밟아야 한다. 요금은 보통 25~35US $ 정도.

유스호스텔
- 유럽에는 약 3000여 개의 유스호스텔이 있어서 배낭 여행자들에게 값싼 숙소를 제공한다. 가격이 저렴하고 손수 취사를 할 수 있다는 잇점이 있지만 주로 도심 외곽에 위치하고 있어 찾아가는데 시간이 걸리고 또 겨울이면 문을 닫는 곳도 있어 사전에 유스호스텔 안내 책자를 보고 확인한다. 여행 시즌에는 청소년들에게 먼저 숙박 우선권이 주어지므로 일반인의 경우 투숙을 거절당할 수도 있다.
- 예약은 본인이 직접 전화, 우편, 팩스로 원하는 곳에 신청해야 한다. 유럽에서는 단순히 예약에 의존하지 않고 여행자가 도착하는 순서대로 숙박시키는 경우도 많다.
- 숙소를 예약했으면 늦어도 오후 9~10시 이전에는 숙소에 도착해야 한다. 유스호스텔의 이용 시간은 대체로 체크 인이 16:00~22:00까지이고 체크 아웃 시간은 10:00, 취침 시간은 22:00로 지정되어 있으므로 지켜야 한다. 10:00~15:00까지는 날씨가 나쁘거나 신체에 이상이 있을 때를 제외하고 유스호스텔에 머무를 수 없다.
- 실내에서는 음주나 흡연은 금하고 있으며 무례한 행동을 하면 추방당할 수도 있다. 같은 유스호스텔은 연속하여 4일 이상 이용할 수 없다.

대학 기숙사
여름 방학 중에 외국인 여행자들에게 개방하는 대학 기숙사도 이용해 볼 만하다. 시설은 아주 좋은 편이며 요금은 유스호스텔보다 조금 비싸다. 방은 1인 1실인 경우가 많으며 대학 기숙사이기 때문에 여행자라도 규율이 엄격하다. 국제 학생증이 꼭 있어야 한다.

B & B
- 주로 영국과 아일랜드에서 찾아볼 수 있는 민박 형태의 숙소. 침대와 아침식사가 제공되는 곳으로 대도시는 물론 항구나 지방의 외진 곳에서도 찾을 수 있다. 영국이나 아일랜드의 중류 가정에서 그들과 같이 생활할 수 있는 기회를 가질 수 있다.
- 방에는 2~4개의 침대가 있으며 요금은 보통 10~18파운드 정도이다. 런던 등 대도시에서는 빅토리아 역에 있는 숙소 예약 창구에서 예약할 수 있으며 지방에서는 B&B라고 쓰인 곳을 직접 찾아가면 된다.

교통수단

1. 거리에서 길을 물을 때 104
2. 택시 107
3. 버스 110
4. 열차와 지하철 115
5. 렌트카 123
6. 드라이브 128

① 거리에서 길을 물을 때

1. 이 도시의 지도는 어디서 살 수 있습니까?
Where can I get a map of this city?
웨어 캐나이 겟 어 맵 어브 디씨리

2. 은행으로 가는 길을 가르쳐 주십시오.
Please tell me the way to the bank.
플리이즈 텔 미 더 웨이 투 더 뱅크

3. 공항에는 어떻게 갑니까?
How do I get to the airport?
하우 두 아이 겟 투 디 에어포어트

4. 이 근처에 역이 있습니까?
Is there any (train or subway) station near here?
이즈 데어 애니(츄레인 오어 서브웨이) 스테이션 니어 히어

5. 가장 가까운 역은 어디입니까?
Where is the nearest station?
웨어 이즈 더 니어리스트 스테이션

6. 지하철 역을 찾고 있습니다.
I'm looking for the subway station.
아임 룩킹 포 더 서브웨이 스테이션

7. 버스 정류장까지 데려다 주십시오.
May I ask you to take me to the bus stop?
메 아이 애스크 유 투 테익 미 투 더 버스땁

8. 이 지도에서 현재 위치를 가르쳐 주십시오.
Please show me where this place is on the map.
플리이즈 쇼우 미 웨어 디스 플레이스 이즈 언 더 맵

9. 이 길이 백화점으로 가는 길입니까?
Does this street go to the department store?
더즈 디스츄릿 고우 투 더 디파-트먼트 스토어

10. 이 거리의 이름은 무엇입니까?
What is this street's name?
왓 이즈 디스츄릿츠 네임

11. 우체국까지 약도를 그려 주십시오.
May I ask you to draw the way to the post office?
메 아이 애스크 유 투 쥬로 더 웨이 투 더 포스트 오피스

12. 코리아타운까지 여기에서 걸어갈 수 있습니까?
Is Korea town in walking distance?
이즈 코리아 타운 인 워킹 디스턴스

13. 타임즈 스퀘어는 여기에서 가깝습니까?
Is Times Square close to here?
이즈 타임스퀘어 클로우즈 투 히어

14. 어떻게 그 곳인지 알죠?
How do I recognize the place?
하우 두 아이 레코그나이즈 더 플레이스

15. 걸어서 몇 분 정도입니까?
How many minutes on foot?
하우 매니 미닛츠 언 풋

16. 얼마 걸리지 않습니다.
It takes only a few minutes.
잇 테익스 온니 어 퓨 미닛츠

17. 쉐라톤 호텔로 가는 가장 좋은 방법은 무엇입니까?
What is the best way to get to the Sheraton Hotel?
왓 이즈 더 베스트 웨이 투 겟 투 더 세라톤 호텔

18. 전차(지하철, 열차)를 이용하는 게 좋습니다.
It's better to use(take) the tram(subway, train) to go there.
잇츠 베러 투 유즈(테익) 더 츄램(서브웨이, 츄레인) 투 고우 데어

실용단어

길	거리(도로)	대로	위치(장소)
way 웨이	street(st.) 스추릿	avenue 애버뉴	place 플레이스
신호등	교차로	모퉁이	블럭
signal 시그널	crossing 크로싱	corner 코너	block 블록
똑바로	돌다	오른쪽	왼쪽
straight 스츄레잇	turn 턴	right side 롸잇 사이드	left side 레프트 사이드
맞은 편	가다	돌아 가다	~을 따라
opposite side 아퍼짓 사이드	go / advance 고우 / 어드밴스	turn / go return 턴 / 고우 리턴	along 얼롱
가까이	멀리	옆	표시
close 클로우즈	far away 퐈 어웨이	next 넥스트	sign / landmark 사인 / 랜드마크

② 택시

뉴욕과 같은 대도시를 제외하고 한국에서처럼 거리를 돌아다니는 택시는 없다. 따라서 택시를 잡으려면 택시 승강장이나 호텔 앞에서 잡는 것이 확실하다. 행선지 지시는 지명과 번지를 알려 주는 것만으로도 충분하지만, 주소 메모를 건네 주면 더욱 확실하다.

운임은 미터제, 구간요금제(어느 구간에서 어느 구간까지 가는가에 따라 요금이 정해진다. 동일 구간 내에서는 균일 요금) 등 도시에 따라 다르다. 예를 들면 미터제를 적용하고 있는 뉴욕에서는 최초 3분의 1마일이 1달러 50센트, 이후 5분의 1마일마다 25센트씩 가산된다. 거리와 시간 병산제이므로 러시아워 때에는 비싸고 시외로 나가면 장거리 요금이 적용되어 비싸진다.

1. 택시를 불러 주십시오.
Please call me a taxi.
플리이즈 콜 미 어 택시

2. 택시 타는 곳은 어디입니까?
Where is the taxi stand?
웨어 이즈 더 택시 스탠드

3. 역까지 요금이 얼마인지 가르쳐 주십시오.
Please tell me about how much is it to the station.
플리이즈 텔 미 어바웃 하우 머취 이즈 잇 투 더 스테이션

4. 어디로 가십니까?
Where do you want to go?
웨어 두 유 원 투 고우

5. (지도나 주소를 보이며) 이 곳으로 가 주십시오.
Please take me here.
플리이즈 테익 미 히어

6. 쉐라톤 호텔까지 부탁합니다.
The Sheraton Hotel, Please.
더 쉐라톤 호텔 플리이즈

7. 어디서 내립니까?
Where do you want to get off?
웨어 두 유 원 투 겟 어프

8. 교차로 앞에서 세워 주십시오.
Please stop before the intersection.
플리이즈 스땁 비포어 디 이너섹션

9. 여기서 세워 주십시오. 내리겠습니다.
Please stop here. I'll get off.
플리이즈 스땁 히어 아일 겟 어프

10. 실례지만 서둘러 주세요.
Excuse me, I'm in a hurry.
익스큐즈 미 아임 인 어 허뤼

11. 공항까지 몇 분 걸립니까?
How many minutes does it take to the airport?
하우 매니 미닛츠 더즈 잇 테익 투 디 에어포어트

12. 6시까지 공항에 도착하고 싶습니다.
I want to arrive at the airport before 6 o'clock.
아이 워너 어롸이브 앳 디 에어포어트 비포어 씩스 어클락

13. 여기에서 잠시 기다려 주십시오.
Please wait here for a few minutes.
플리이즈 웨잇 히어 포 어 퓨 미닛츠

14. 관광하고 올 때까지 여기서 기다려 주시겠습니까?
Can you wait here until I come back from sightseeing?
캔 유 웨잇 히어 언틸 아이 컴 백 프롬 싸잇싱

15. 트렁크를 열어 주시겠습니까?
Would you please open the trunk?
우쥬 플리이즈 오픈 더 츄렁크

16. 이 짐을 트렁크에 실어 주시겠습니까?
Would you please bring this baggage to the trunk?
우쥬 플리이즈 브링 디스 배기쥐 투 더 츄렁크

17. 얼마입니까?
How much is it?
하우 머취 이즈 잇

18. 거스름돈은 가지세요.
Keep the change.
키잎 더 췌인쥐

19. 영수증을 주십시오.
Receipt, please.
리시트 플리이즈

20. 요금이 미터기와 다른데요.
The fare seems different than the meter.
더 페어 씸스 디퍼런트 댄 더 미러

실용단어

트렁크	요금 · 운임	거스름돈	~의 앞에
trunk	fare	change	in front of~
츄렁크	페어	췌인쥐	인 프론트 어브

③ 버스

그레이하운드 버스인 경우, 보통 승차권 외에 아메리패스(Ameripass)라는 자유이용권이 있다. 이것은 유효기간 내에서는 동일 노선에 몇 번이라도 탈 수 있는 할인 패스이며, 도중에서 내려도 된다. 지정 호텔이나 레스토랑을 할인 요금으로 이용할 수도 있다. 또한, 외국인 여행자를 대상으로 하기 때문에 미국에 입국하기 전에 구입하는 조건으로 되어 있다.

그 외에 미국에 입국하고 나서도 구입할 수 있는 것으로는 패밀리 할인권이 있다. 이것도 유효기간 내에서는 무제한 승차할 수 있다.

1. 이 버스는 디즈니랜드에 갑니까?
Does this bus go to Disneyland?
더즈 디스 버스 고우 투 디즈니랜드

2. 금문교에 가려고 합니다.
I want to go to Golden Gate Bridge.
아이 워너 고우 투 골든 게이트 브릿쥐

3. (행선지 메모를 보이며) 이 곳에 가려고 하는데요.
I want to go to this place.
아이 워너 고우 투 디스 플레이스

4. 산타모니카행 버스 정류장은 어디입니까?
Where is the bus stop for Santa Monica?
웨어 이즈 더 버스땁 포 새너 마니커

5. 동물원은 몇 번째 정류장입니까?
How many stops to the Zoo?
하우 매니 스땁스 투 더 주-

6. 워싱턴행 버스는 몇 시에 떠납니까?
What time does the bus for Washington leave?
왓 타임 더즈 더 버스 포 와싱턴 리-브

7. 다음 정류장에서 내리겠습니다.
I'll get off at the next stop.
아일 겟 어프 앳 더 넥스땁

8. 경기장에 도착하면 알려 주십시오.
Please tell me when we arrive at the Stadium.
플리이즈 텔 미 웬 위 어라이브 앳 더 스테이디엄

9. 요금은 버스에서 지불합니까?
Do I pay on the bus?
두 아이 페이 언 더 버스

10. 다음 정류장은 어디입니까?
What is the next bus stop?
왓 이즈 더 넥스트 버스땁

11. 여기에 동전을 넣으면 됩니까?
Do I put the coin in here?
두 아이 풋 더 코인 인 히어

12. 아르코 프라자에서 탔는데, 얼마입니까?
How much? I got on at Arco Plaza.
하우 머취 아이 갓 언 앳 아코우 플래저

13. 시애틀까지 얼마나 걸립니까?
How many minutes does it take to get to Seattle?
하우 매니 미니츠 더즈 잇 테익 투 겟 투 씨애를

14. 버스는 몇 분마다 떠납니까?
How often does the bus leave?
하우 오픈 더즈 더 버스 리-브

15. 15분마다 떠납니다.
It leaves every fifteen minutes.
잇 리-브스 에브리 피프틴 미닛츠

16. 돈은 탈 때 냅니까?
Do I pay when getting on?
두 아이 페이 웬 게링 언

17. 갈아탈 필요가 있습니까?
Is it necessary to transfer?
이즈 잇 네세서뤼 투 츄랜스퍼

18. 버스는 언제 출발합니까?
When does the bus leave?
웬 더즈 더 버스 리-브

19. 3시 45분에 떠납니다.
It leaves at three forty-five.
잇 리-브스 앳 뜨리 포리 파이브

20. 쇼핑센터까지 요금이 얼마입니까?
How much for the shopping center?
하우 머춰 포 더 샵핑 세너

21. 버스표는 어디에서 삽니까?
Where do I buy a bus ticket?
웨어 두 아이 바이 어 버스 티켓

22. 저곳의 카운터에서 살 수 있습니다.
You can get it at the counter over there.
유 큰 겟 잇 앳 더 카아운터 오버 데어

23. 갈아타는 표를 한 장 주시겠습니까?
May I have a transfer ticket?
메 아이 해버 츄랜스퍼 티켓

24. 시티 파크에 가려면 무슨 정류장에서 내리면 됩니까?
What bus stop do I get off at City Park?
왓 버스땁 두 아이 겟 어프 앳 씨티 파-크

실용단어

시내버스	관광버스	노선도	타다
city bus 시티 버스	sightseeing bus 싸잇싱 버스	rut map 루트 맵	get on 겟 언
내리다	정차	발차	갈아타다
get off 겟 어프	stoppage 스탑피쥐	departure 디파-춰	transfer 츄랜스퍼
~행	유효기간	직행버스	장거리버스
for~ 포	validity 밸리디티	direct bus 다이렉트 버스	long distance bus 롱 디스턴스 버스
회수권	갈아타는 표	2층 버스	시각표
coupon ticket 쿠폰 티켓	transfer ticket 츄랜스퍼 티켓	double decker 더블 덱커	timetable 타임테이블
정원	요금	환전	차내방송
capacity 커페시티	fare 페어	money exchange 머니 익스췌인쥐	announcement 어나운스먼트

장거리 버스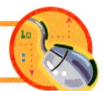

미국
- 광대한 미국을 천천히 빠짐없이 관광하고 싶다면 버스 여행이 좋다. 각 도시를 연결하는 대형 장거리 버스회사 7개 중 가장 큰 것이 캐나다, 알래스카까지 노선을 갖고 있는 그레이 하운드(Greyhound). 거의 전 미국 주요 도시를 연결해서 운행하고 있다. 어떤 구간들은 꽤 시간이 걸리므로 스케줄이 얽히지 않도록 소요시간의 확인이 필요하다.
- 버스는 전 좌석이 리크라이닝석(의자가 뒤로 젖혀지는 좌석)이며 에어컨이나 화장실이 갖추어진 대형 차량이 운행되고 있다. 타고 내리기가 쉬운 앞쪽 좌석이 인기가 있고 출발 1시간 전에 줄을 서지 않으면 승차하지 못하는 경우도 있다.
- 버스 디포(Deport:터미널)는 대개 시내에 있다. 예약은 필요 없지만 표는 승차 전에 사는 것이 원칙이다. 2~3시간마다 휴게소에 정차하므로 식사는 그 곳에서 할 수 있다. 휴식 후에 차를 바꿔 타는 실수를 하지 않도록 자신의 차량번호를 외워둔다.
- 표를 구입하는 방법은 시내의 여행 사무소, 터미널의 표 판매소, 차안의 차장에게서 구입하는 방법이 있다.

유럽
독일 : 쥴스부르크에서 풋센까지의 로맨틱 가도. 시즌 중에는 유럽버스 투어를 권한다. 하이델베르크~로뎀부르크 간 고성 가도도 좋다.
프랑스 : 로웰의 고성을 돌아보는 관광버스 투어는 퇴르역 발에 타는 것이 합리적. 4~9월의 시즌 중에만 가능하다.
이탈리아 : 시칠리아 지방이나 밀라노에서 맛쥬레 호로 향하는 호수지방 버스 투어가 유명하다.
유럽 횡단 : 유럽 각국의 철도가 공동 운영하고 있는 유럽 버스는 지방을 여행하고자 하는 사람에게 권한다. 여행대리점에서 구입하는 것이 좋다.

④ 열차와 지하철

열차는 운행 횟수가 많지 않기 때문에 미국내에서의 이동수단으로 실용적이라고 할 수는 없지만 시애틀~로스앤젤레스~산디아고까지 태평양 연안을 달리는 캘리포니아 철도 등은 경치가 좋아서 시간적 여유가 있다면 이용해 볼 만하다.

미국의 철도회사는 사기업이고 그 수는 700개가 넘는다. 정부는 이것들을 통괄하는 미국 철도여객 수송회사(Amtrak)를 만들어 서비스 향상에 기여하고 있다. 암트랙 차량은 은색에 세줄 무늬를 넣은 현대적인 것이다. 장거리 노선에는 라운지나 식당, 카페가 딸린 호화차량도 있어서 우아한 여행을 즐길 수 있다. 단, 역이 시내에서 떨어져 있는 경우가 많으므로 이용하기 전에 확인해 볼 필요가 있다.

1. 매표소는 어디입니까?
Where is the ticket counter?
웨어 이즈 더 티켓 키아우너

2. 유니온역까지 요금은 얼마입니까?
How much for Union station?
하우 머취 포 유니언 스테이션

3. 좌석을 예약하고 싶습니다.
I'd like to reserve a seat.
아이드 라익 투 리저-브 어 씨잇

4. 리딩 역까지 편도(왕복)표를 2장 주십시오.
Two one-way(return) tickets for Reading station, please. 투 원 웨이(리턴) 티켓츠 포 리딩 스테이션 플리이즈

5. 지정석이나 자유석 중 어느 것으로 하시겠습니까?
Which do you prefer, reserved or free seat?
위치 두 유 프리퍼 리저-브드 오어 프리 씨잇

6. 지정석(자유석)으로 주십시오.
Reserved(free) seat, please.
리저-브드(프리) 씨잇 플리이즈

7. 좌석은 1등석과 2등석이 있습니다. 어느 것으로 하시겠습니까?
There are first class and second class, which do you prefer? 데어 아 풔스트 클래스 앤 섹컨 클래스 위치 두 유 프리풔

8. 흡연(금연)차를 부탁합니다.
Smoking(Non-smoking) section, please.
스모우킹(넌 스모우킹) 섹션 플리이즈

9. 시각표를 보고 싶습니다.
I'd like to see the timetable.
아이드 라익 투 씨 더 타임테이블

10. 노선도는 어디에서 구할 수 있습니까?
Where can I get a train map?
웨어 캐나이 겟 어 츄레인 맵

11. 여행자 우대 철도 이용권을 이용하고 싶습니다.
I'd like to begin to use the privilege pass for travelers. 아이드 라익 투 비긴 투 유즈 더 프리빌리쥐 패스 포 츄래블러스

12. 요금은 열차 내에서 지불합니까?
Do I pay the fare on the train?
두 아이 페이 더 페어 언 더 츄레인

13. 다음 열차는 몇 시 출발입니까?
What time does the next train leave?
왓 타임 더즈 더 넥스츄레인 리-브

14. 킹역 행 열차는 어느 홈입니까?
Which platform for the King station train?
위치 플랫포옴 포 더 킹 스테이션 츄레인

15. 이 열차는 메트로 센터 역에 섭니까?
Does this train stop at Metro Center station?
더즈 디스 츄레인 스땁 앳 메트로 세너 스테이션

16. 다음 정차역은 어디입니까?
Which is the next stop?
위치 이즈 더 넥스땁

17. 갤러리 플레이스 역은 몇 번째 역입니까?
How many stops to Gallery Place station?
하우 매니 스땁스 투 갤러리 플레이스 스테이션

18. 자동판매기의 사용법을 가르쳐 주십시오.
Please tell me how to use the vending machine.
플리이즈 텔 미 하우 투 유즈 더 벤딩 머신

19. 이 패스는 며칠까지 유효합니까?
Which date is valid for this pass?
위치 데이트 이즈 밸리드 포 디스 패스

20. 유효기간이 14일간이므로 23일까지 사용할 수 있습니다.
This is valid for 14 days, so you can use it till the 23rd.
디스 이즈 밸리드 포 포티인 데이즈 소우 유 캔 유즈 잇 틸 더 트웨니 쎠드

21. 여행자 우대 철도 이용권을 사용할 수 있습니까?
Can I use the privilege tram pass?
캐나이 유즈 더 프리빌리쥐 츄램 패스

22. 전 노선에서 사용할 수 있습니다.
You can use the pass on all trains.
유 캔 유즈 더 패스 언 올 츄레인스

23. 1등석을 이용할 경우에는 추가요금이 필요합니다.
You have to pay an extra charge when you use the first class. 유 해브 투 페이 언 엑스츄라 차-지 웬 유 유즈 더 풔스트 클래스

24. 급행열차는 킹즈크로스 역에 섭니까?
Does the express train stop at Kings Cross station?
더즈 디 익스프레스 츄레인 스땁 앳 킹스 크로스테이션

25. 센트럴 역에서 갈아타야 합니다.
You have to transfer at Central station.
유 해브 투 츄랜스풔 앳 센츄럴 스테이션

26. 센트럴역 행 급행요금은 얼마입니까?
How much is the express fare for Central station?
하우 머취 이즈 디 익스프레스 페어 포 센츄럴 스테이션

27. 침대차를 예약하고 싶습니다.
I'd like to reserve a sleeping car.
아이드 라익 투 리저-브 어 슬리핑 카아

28. 간이 침대차라도 좋습니까?
Is the simple bed, OK?
이즈 더 심플 베드 오우케이

29. 가능하면 상층(하층)으로 해 주십시오.
I'd like to have the upper(lower) bed, if possible.
아이드 라익 투 해브 더 어퍼(로어) 베드 이프 파서블

30. 이 열차는 몇 시에 출발합니까?
What time does this train leave?
왓 타임 더즈 디스 츄레인 리-브

31. 2시에 출발합니다.
It leaves at two o'clock.
잇 리브스 앳 투 어클락

32. 윈야드 역에 도착하면 가르쳐 주시겠습니까?
Would you please tell me when we arrive at Wynyard station? 우쥬 플리이즈 텔 미 웬 위 어라이브 앳 윈야드 스테이션

33. 자리를 잘못 아신 것 같습니다. 여기가 내 자리입니다.
I'm afraid you made a mistake. I think this is my seat. 아임 어프뢰이드 유 메이더 미스테익 아이 띵크 디스 이즈 마이 씨잇

34. 이 표로 도중하차할 수 있습니까?
Do I stop over with this ticket?
두 아이 스땁 오버 위디스 티켓

35. 브래드독 로드 역에서 탔습니다.
I got on this train at Braddock Road station.
아이 갓 언 디스 츄레인 앳 브래드독 로드 스테이션

36. 표를 잃어버렸는데요.
I'm afraid I've lost my ticket.
아임 어프뢰이드 아이브 로스트 마이 티켓

37. 얼마 동안 정차합니까?
How long is the stopping time?
하우 롱 이즈 더 스탑핑 타임

38. 내릴 정류장을 지나쳤습니다.
I went past my stop.
아이 웬 패스트 마이 스땁

39. 이 열차에 식당차가 있습니까?
Do you have a dining car in the train?
두 유 해버 다이닝 카아 인 더 츄레인

40. 앞(뒤) 차량에 있습니다.
There's one in a front(rear) car.
데어스 원 인 어 프론트(리어) 카아

41. 열차에 가방을 두고 내렸습니다. 어떻게 하면 좋습니까?
I've left my bag on the train. What shall I do?
아이브 레프트 마이 백 언 더 츄레인 왓 쉘 아이 두

42. 홀리데이 인으로 가는 출구는 어디입니까?
Which exit for Holiday Inn?
위치 엑시트 포 홀리데이 인

43. 2번째 출구의 계단을 올라가십시오.
Please go up the stairs at the 2nd exit.
플리이즈 고우 업 더 스테어즈 앳 더 세컨드 엑시트

실용단어

철도	지하철	역	표
railroad / railway 레일로드 / 레일웨이	subway 서브웨이	station 스테이션	ticket 티켓
왕복	편도	특급열차	급행열차
round trip 라운드 츄립	one way 원 웨이	limited express 리미티드 익스프레스	express train 익스프레스 츄레인
침대차	매표소	개찰구	예약
sleeping car 슬리핑 카아	ticket office 티켓 오피스	wicket / gate 위켓 / 게이트	reservation 레저베이션
급행요금	침대요금	홈	1등
express charge 익스프레스 촤-지	berth charge 버쓰 촤-지	track 츄랙	first 풔스트
2등	보통열차	차장	칸막이
second 세컨드	local train 로우컬 츄레인	conductor 컨덕터	compartment 컴파-트먼트
갈아타다	식당차	지정석	자유석
transfer 츄랜스풔	dining car 다이닝 카아	reserved seat 리저-브드 씨잇	non-reserved seat 넌 리저-브드 씨잇

교통수단

열차 할인 이용 패스

미국
- 표는 역이나 철도회사 창구에서 구할 수 있다. 여러 회사의 노선에 걸쳐 있을 때에도 장거리이면 최초 노선의 철도회사에서 표를 살 수 있다. 운임 계산원은 등급제에 침대 등을 이용하는 설비요금을 기본운임에 가산하는 방식으로 한다. 한국 내에서 미리 구입할 수도 있지만 주요 노선만으로 한정된다.
- 철도로 이동하는 일이 많은 여행이라면 USA레일 패스를 구입하는 게 좋다. 유효기간에는 14일, 21일, 30일 3종류가 있고, 암트랙 전 노선의 코치차(2등 상당)를 마음대로 탈 수 있다. 추가요금을 지불하면 1등 상당의 클럽카나 침대도 이용 가능하다. 그 외에 승하차 구간이 제한된 지역패스(14일간 유효)도 싼 요금으로 구입할 수 있다.
- 단, 모든 패스는 외국 여행자를 대상으로 한 것이므로 미국 내에서는 살 수 없다. 출발 전 여행사를 통해서 구입해 둔다.

유레일 패스 / 유레일 유즈패스
- 각각의 나라에서 발행하고 있고, 그 나라에서만 통용하는 패스(할인철도 주유권)가 있다. 특히 서유럽에는 유레일 패스, 유레일 유즈패스라고 하는 17개국 통용의 패스가 있고 철도 뿐만 아니라 라인 하행선 또는 로맨틱 가도의 버스 등 특정 루트의 버스, 배, 철도에 무료로 탈 수 있는 특전도 있다.
- 이용할 수 있는 나라는 두 패스 모두 프랑스, 독일, 네덜란드, 벨기에, 오스트리아, 헝가리, 이탈리아, 그리스, 노르웨이, 스웨덴, 덴마크, 스위스, 스페인, 포르투갈, 룩셈부르크, 핀란드, 아일랜드 등 17개국. 영국은 사용 불가.

각국의 지하철 사정

- **뉴욕** 지하철의 경우 상하행 한쪽으로밖에 연결되어 있지 않은 입구가 있으므로 들어갈 때 확인할 것. 균일요금으로 토큰을 구입해서 탄다.

- **런던**의 지하철은 Tube 또는 Underground라고 한다. 2층버스에도 사용할 수 있는 Visitor Travel Card라는 기한이 있는 패스를 이용하면 편리. 1일·7일간 유효권이 있고 시내와 히드로 공항 간의 지하철과 에어버스에도 사용할 수 있으므로 도착시에 공항에서 사두면 좋다. 평일의 러시아워를 지난 9시 30분 이후와 토.일요일에 유효한 Off-peak Travel Card도 있다.

- **파리**의 지하철 Metro는 1등, 2등이 있고 요금은 이용 횟수와 구간에 관계없이 동일하다.

⑤ 렌트카

렌트카 예약 방법
각 렌트카 회사 예약 창구에서 이용자의 주소, 성명, 전화번호, 사용일정, 이용 도시 등을 기입하고 신청. 공항에 도착함과 동시에 빌리고자 한다면 편명과 도착시각도 알려 준다. 후일 받은 예약 확인서를 현지의 영업소에서 보여주면 된다.

1. 차는 어디에서 빌릴 수 있습니까?
Where can I rent a car?
웨어 캐나이 뢴터 카아

2. 차를 빌리고 싶습니다.
I'd like to rent-a-car.
아이드 라익 투 뢴터 카아

3. 한국에서 예약한 박입니다.
I am Park and made a reservation in Korea.
아이 앰 박 앤 메이더 레저베이션 인 코리아

4. 내일 저녁 5시까지 빌리고 싶습니다.
I'd like to rent a car till five o'clock tomorrow evening.
아이드 라익 투 뢴터 카아 틸 파이브 어클락 투머로우 이브닝

5. 이 차를 6시간 동안 빌리고 싶습니다.
I'd like to rent this car for six hours.
아이드 라익 투 뢴트 디스 카아 포 씩스 아워스

6. 하루에 얼마입니까?
How much for one day?
하우 머취 포 원 데이

7. 어떤 차종이 있습니까?
What kind of cars do you have?
왓 카인 어브 카즈 두 유 해브

8. 중형차가 좋겠습니다.
I prefer a medium size car.
아이 프리퍼 어 미디엄 사이즈 카아

9. 오토차만 됩니다.
I only drive an automatic car.
아이 온니 쥬라이브 언 오토매릭 카아

10. 한국차는 있습니까?
Do you have any Korean cars?
두유 해브 애니 코리언 카즈

11. 에어컨은 있습니까?
Does it have air conditioning?
더즈 잇 해브 에어 컨디셔닝

12. 요금표를 보여 주십시오.
Please show me the price list.
플리이즈 쇼우 미 더 프라이스 리스트

13. 보험을 들어 주십시오.
Please give me insurance coverage.
플리이즈 김미 인슈어런스 커버리쥐

14. 보험은 어떤 것이 있습니까?
What kind of insurance do you have?
왓 카인 어브 인슈어런스 두 유 해브

15. 보험료가 포함된 요금입니까?
Does this price include the insurance fee?
더즈 디스 프라이스 인클루드 디 인슈어런스 피

16. 자동차 손해배상 보험이 들어 있습니다.
Damage insurance is included.
데미쥐 인슈어런스 이즈 인클루디드

17. 추가요금은 있습니까?
Is there any extra charge to be paid?
이즈 데어 애니 엑스츄라 촤-지 투 비 페이드

18. 차는 어디에 반환합니까?
Where do I return the car?
웨어 두 아이 리턴 더 카아

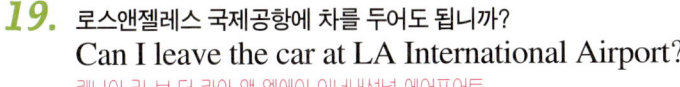

19. 로스앤젤레스 국제공항에 차를 두어도 됩니까?
Can I leave the car at LA International Airport?
캐나이 리-브 더 카아 앳 엘에이 이너내셔널 에어포어트

20. 연료는 가득 채워서 반환해야 합니까?
Do I have to return the car filled with gas?
두 아이 해브 투 리턴 더 카아 필드 위드 개스

21. 차를 호텔까지 가져다 줍니까?
Do you deliver the car to my hotel?
두 유 딜리버 더 카아 투 마이 호텔

22. 이 계약서에 필요 사항을 기입해 주십시오.
Please fill out the necessary information in this contract. 플리이즈 필 아웃 더 네세서뤼 인포메이션 인 디스 컨츄랙트

125

23. 고장이 났을 경우 연락할 수 있는 사람을 알려 주십시오.
Please tell me who I contact if I have troubles.
플리이즈 텔 미 후 아이 컨텍트 이프 아이 해브 츄러블스

실용단어

자동차	자동변속차	수동변속차	한국차
automobile 오토모빌	automatic car 오토매릭 카아	manual car 매뉴얼 카아	Korean car 코리언 카아
차종	운전자	요금	보험
type of cars 타입 어브 카아스	driver 쥬라이버	rate 레이트	insurance 인슈어런스
가솔린	가득 채우다	도로지도	표시
gasoline / petrol 개솔린 / 페트롤	fill up 휠 업	road map 로드 맵	landmark / sign 랜드마크 / 사인
빌리다	반환하다	냉방	주차
rent 뢴트	return 리턴	air conditioning 에어 컨디셔닝	parking 파킹
사고	유료도로	고속도로	교통사고
accident 액씨던트	toll road 톨 로드	express way 익스프레스 웨이	traffic accident 츄래픽 액씨던트
구급차	주유소	주차장	대형차
ambulance 앰뷸런스	gas station 개스 스테이션	parking lot 파킹 랏	large sized car 라아지 사이즈드 카아
소형차		중형차		펑크	
compact sized car 컴팩트 사이즈드 카아		medium sized car 미디엄 사이즈드 카아		puncture / flat tire 펑취 / 플랫 타이어	
연료가 떨어지다		예약확인서		고장	
running out of gas 러닝 아웃 어브 개스		reserve confirmation 리저브 컨퓌메이션		broken down / trouble 브로큰 다운 / 츄러블	
임대계약서		국제운전면허			
rental agreement 뢴틀 어그뤼먼트		international driving license 이너내셔널 쥬라이빙 라이센스			

렌트카

미국은 국토가 광활해서 몇몇 대도시를 제외하고 자동차 없이는 이동이 거의 불가능하다. 따라서 여행중엔 렌트카를 이용해야 하는데, 다행히 렌트카 시스템이 매우 잘 되어 있어 이용하기 편리하다. 그러나 렌트카 회사마다 가격, 서비스 등이 천차 만별이므로 이용시 특히 주의한다.

● 렌트카 빌리는 방법

예약 (BOOKING)

현지에서 빌리는 것보다는 출발 전에 국내에서 예약해 두는 것이 수속이 훨씬 쉽다. 예약 신청은 여행사나 렌트카 회사에서 한다. 사용 개시일과 사용일수, 방문 도시, 희망 차종, 공항 도착시 이용할 경우에는 도착편, 도착시간, 숙박처 등을 알려 준다. 회답, 예약확인서(Confirmation Slip) 또는 예약확인 번호가 송부되어 온다.

임대 (CHECK-IN)

현지에서 예약할 경우는 공항 또는 역에 있는 렌트카 회사의 카운터에 가서 직접 요금, 보험, 차종을 선택한다. 한국에서 예약한 경우에는 현지 렌트카 회사의 카운터에 가서 한국에서 영수한 예약확인서와 여권, 국제운전면허증, 신용카드를 제출한다. 신용카드가 없으면 고액의 보증금을 청구하거나 빌려주지 않는 경우도 있다. 임대계약서(Rental Agreement)에 서명하고 보험 확인은 반드시 해 둘 것.

반환 (CHECK-OUT)

영업소의 차 반환 장소(Car Return)로 간다. 연료는 가득 채워 둔다. 임대계약서 봉투의 메모란에 도착시간, 주행거리, 연료계 미터의 위치를 기입하고 키를 붙여서 차를 반환한다. 카운터에서 임대계약서를 제출하고 정산한다.

● 보험

보험에는 렌탈요금에 포함되는 보험과 그렇지 않은 보험이 있다. 대개 렌탈요금에는 자동차손해배상보험(대인.대물.화재.도난)이 포함되고 계약서에 서명과 동시에 가입된다. 렌탈요금에 포함되지 않은 보험에는 다음과 같은 것들이 있다. 만일의 사고 등에 대비해서 C.D.W와 P.A.I에 가입해 두는 것도 좋다.

C.D.W(Collision Damage Waiver) : 자차량 손해보험. 사고시 계약자의 부담이 되는 손해에 대하여 부담 의무를 면제하는 것

P.A.I(Personal Accident Insurance) : 탑승자 손해보험. 계약자 및 동승자를 위한 보험

P.E.P(Personal Effects Protection) : 수하물 보험. 휴대품 보험으로 계약자, 동행자가 휴대하는 하물(현금 포함)이 도난 또는 파손된 경우에 지불받는 보험. 미국에서만 유효

❻ 드라이브

1. 이 길이 몬트레이로 가는 길입니까?
Does this street go to Monterey?
더즈 디스츄릿 고우 투 몬트레이

2. 이곳은 일방통행입니까?
Is this a one-way street?
이즈 디스 어 원 웨이 스츄릿

3. 주차장은 있습니까?
Is there parking?
이즈 데어 파킹

4. 노상주차를 해도 됩니까?
Is it all right to park on the road?
이즈 잇 올 롸잇 투 파크 언 더 로드

5. 이곳은 주차금지 구역입니다.
This is no-parking area.
디스 이즈 노우 파킹 에어뤼어

6. 시동이 걸리지 않습니다.
The engine doesn't start.
디 엔진 더즌 스타-트

7. 근처에 주유소가 있습니까?
Is there any gas station near here?
이즈 데어 애니 개스테이션 니어 히어

8. 레귤러로 넣어 주십시오.
Please fill with the regular gas.
플리이즈 필 위드 더 레귤러 개스

9. 가솔린 넣는 방법을 가르쳐 주십시오.
Please tell me how to fill the gas.
플리이즈 텔 미 하우 투 필 더 개스

10. 이 지도에서 현재 위치를 가르쳐 주십시오.
Please show me this place on this map.
플리이즈 쇼우 미 디스 플레이스 언 디스 맵

11. 이곳은 무슨 거리입니까?
What street is this?
왓 스츄릿 이즈 디스

12. 공중전화는 어디에 있습니까?
Where is the public telephone?
웨어 이즈 더 퍼블릭 텔레포운

13. 포틀랜드까지 몇 마일입니까?
How many miles(kilometers) to Portland?
하우 매니 마일즈(킬로미러스) 투 포틀랜드

14. 도로지도는 있습니까?
Do you have the route map?
두 유 해브 더 룻트 맵

15. 사고가 났습니다.
I have had an accident.
아이 해브 해드 언 액씨던트

16. 경찰을 불러 주시겠습니까?
Would you please call the police?
우쥬 플리이즈 콜 더 펄리스

미국 운전면허에 관하여

자동차는 미국생활에서 사치품이 아닌 필수품이다(단, 맨하탄처럼 주차가 힘들며 대중교통 수단이 잘 되어 있는 지역은 제외). 이런 점 외에 미국에 와서 반드시 운전면허증을 따야 하는 또다른 이유는 미국의 운전면허증이 신분 증명서 구실을 하기 때문이다. 미국에서는 신용카드나 개인수표로 물건을 살 때 운전면허증의 제시를 요구하는 경우가 많다.

● 국제면허와 미국 면허
우리나라에서 면허증을 갖고 있는 사람은 국제면허증을 만들어 지참하고 가면 좋다. 국제면허증의 유효기간은 1년이다. 그러나 이 국제면허를 여행자에게만 인정하는 주(캘리포니아주, 뉴욕주), 1개월(워싱턴주), 2개월(일리노이주), 3개월 동안만 인정하는 주(미시간주), 1년간 인정하는 주(하와이주) 등 주에 따라 다르다. 또 단기간 인정하는 주일지라도 보험회사에 따라서는 국제 면허를 기피하거나 거절하는 경우도 있으며 받아들이더라도 통상 보다 비싸게 책정하는 곳이 있다. 또한, 렌트카를 할 때도 거절당하는 경우가 많다. 국제면허에는 미국내 주소가 기입되어 있지 않으므로 사고가 일어났을 경우 처리하는 데 어려움이 따르기 때문이다. 국제면허 그 자체는 1년간 유효하지만 이것은 본래 미국을 여행하는 사람을 위한 것으로 미국에 살면서 자동차를 사서 보험에 가입할 경우는 거주지의 면허를 따는 것이 편리하다. 영어에 자신이 없더라도 LA, 뉴욕, 뉴저지처럼 한국인이 많이 살고 있는 도시에는 한국어 시험지가 배치되어 있다.

● 운전면허 취득법
시험은 국제면허증의 유무와 주법에 따라 조금씩 다르다. 운전면허증을 따기 위해서는 두 가지 시험, 즉 필기시험과 실기시험을 거쳐야 한다. 필기시험에 합격하면 실기시험을 받게 된다. 우선 가장 가까운 주정부 차량국에 가서 그 주의 교통법규, 안전운전법이 자세히 쓰여 있는 책자(Driver's Manual 또는 Driver's Handbook)를 받아와 공부한다. 시험 볼 준비가 되었으면 여권(또는 생년월일이 기재된 다른 증명서)을 지참하고 차량국에 가서 신청료를 첨부하여 신청서와 함께 제출하고 필기시험 용지를 받는다.

시험 내용

1) 도로 표지 테스트   2) 교통법규 테스트
3) 시력 테스트   4) 운전자 테스트

시험장에서는 우선 시력검사(주에 따라서는 신체검사가 있다)를 받고 이에 합격하면 필기시험을 보게 된다. 구두시험을 행하는 주도 있다. 한글 문제지로 시험볼 경우에는 도로표지관 구두시험을 별도로 보아야 한다.

식사

1. 레스토랑 찾기 132
2. 레스토랑 예약 134
3. 레스토랑에서 137
4. 불만 142
5. 패스트푸드점 145
6. 카페 147
7. 바(Bar) 148
8. 나이트클럽 150
9. 계산하기 151

① 레스토랑 찾기

여행지에서 좋은 레스토랑을 찾으려면 거리의 관광 안내소나 호텔 안내 데스크에서 상담한다. 여행잡지나 가이드 북에 소개되어 있는 레스토랑을 이용할 경우에는 정보가 오래된 것은 아닌지 전화하거나 확인해 보고 방문하는 것이 좋다.

1. 좋은 레스토랑을 소개해 주시겠습니까?
Can you recommend a good restaurant, please?
캔 유 레코멘드 어 굿 레스토런트 플리이즈

2. 근처에 한국식당이 있습니까?
Is there a Korean restaurant close by?
이즈 데어 어 코리언 레스토런트 클로우즈 바이

3. 해산물 요리를 먹고 싶습니다.
I'd like to have seafood.
아이드 라익 투 해브 씨푸-드

4. 지방요리를 잘하는 식당을 소개해 주시겠습니까?
Could you recommend a good restaurant for local food?
크쥬 레코멘드 어 굿 레스토런트 포 로컬 푸-드

5. 이 지방 명물요리를 먹고 싶습니다.
I'd like to eat local food.
아이드 라익 투 잇 로컬 푸-드

6. 이 지역의 특산물 요리는 무엇입니까?
What is the speciality around here?
왓 이즈 더 스페셜리티 어롸운드 히어

7. 가볍게 식사하고 싶습니다.
I'd like to have light food snacks.
아이드 라익 투 해브 라잇 푸-드 스낵스

8. 예산은 50달러 정도입니다.
I'd like to spend no more than 50 dollars.
아이드 라익 투 스펜드 노우 모어 댄 퓌프티 달러즈

9. 그다지 비싸지 않은 식당을 찾고 있습니다.
I'd like to go to an inexpensive restaurant.
아이드 라익 투 고우 투 언 인익스펜시브 레스토런트

10. 여기에서 제일 가까운 중국식당은 어디입니까?
Where is the closest Chinese restaurant from here?
웨어 이즈 더 클로우지스트 촤이니즈 레스토런트 프롬 히어

11. 그 가게는 몇 시까지 영업합니까?
What time do they close?
왓 타임 두 데이 클로우즈

12. 예약해야 합니까?
Do I need a reservation?
두 아이 니드 어 레저베이션

13. 더 싼 식당은 없습니까?
Are there any cheaper restaurants?
아 데어 애니 칩퍼 레스토런츠

② 레스토랑 예약

레스토랑의 예약은 호텔의 프런트에 부탁하거나 자신이 직접 전화해서 한다. 프런트에 부탁할 경우는 사람 수, 이름, 시간 등을 확실히 알려준다. 또한 레스토랑까지의 교통수단이나 길은 지도를 통해 미리 알아두는 것이 좋으며, 알 수 없는 경우에는 표지가 될 만한 것을 물어 본다.

1. 오늘 밤 예약하고 싶습니다.
I'd like to make a reservation for tonight.
아이드 라익 투 메이커 레저베이션 포 투나잇

2. 4인석을 예약해 주십시오.
I'd like to make a reservation for four people.
아이드 라익 투 메이커 레저베이션 포 포어 피이플

3. 몇 분이십니까?
For how many people?
포 하우 매니 피-플

4. 몇 시로 예약하시겠습니까?
What time would you like to make a reservation?
왓 타임 우쥬 라익 투 메이커 레저베이션

5. 그 시간은 자리가 없습니다.
All the tables are reserved for that time.
올 더 테이블스 아 리저브드 포 댓 타임

6. 몇 시경이면 자리가 빕니까?
What time can I get a table?
왓 타임 캐나이 겟 어 테이블

7. 8시 이후면 좋을 것 같습니다.
After eight will be fine.
애프터 에잇 윌 비 파인

8. 창측 좌석은 어떻습니까?
Would you like a table by the window?
우쥬 라익 어 테이블 바이 더 윈도우

9. 금연석을 부탁합니다.
I'd like to have a non-smoking seat.
아이드 라익 투 해브 어 넌 스모우킹 씨잇

10. 어떤 복장을 하면 좋겠습니까?
What's the dress style like?
왓츠 더 쥬레스타일 라이크

11. 미안합니다만, T셔츠나 청바지는 안 됩니다.
I'm sorry, no T-shirts and jeans, please.
아임 쏘오리 노우 티셔어츠 앤 진스 플리이즈

12. 오늘밤 예약을 취소해 주십시오.
Please cancel my reservation for tonight.
플리이즈 캔슬 마이 레저베이션 포 투나잇

실용단어

한국요리	중국요리	스페인요리	프랑스요리
Korean food 코리언 푸드	Chinese food 차이니즈 푸드	Spanish food 스패니쉬 푸드	French food 프렌취 푸드
이탈리아요리	일본요리	지방요리	해산물요리
Italian food 이탤리언 푸드	Japanese food 재패니즈 푸드	local food 로컬 푸드	sea food 씨 푸드
고기요리	고급의	적당한	유명한
meat food 밋 푸드	high-grade 하이 그레이드	suitable 슈터블	famous 페이머스
맛있는	조용한	경치가 좋은	분위기가 좋은
delicious 딜리셔스	quiet 콰이어트	with a nice view 위드 어 나이스 뷰	good atmosphere 굿 앳모스피어

식사와 술

Sense Click!!

미국은 햄버거의 나라라고 할 수 있다. 미국다운 음식이라면 스테이크 정도이고 이탈리안 파스타, 피자, 중국 음식 그리고 한식도 꽤 인기가 있다. 아침식사는 시리얼(콘프레이크, 라이스 크리스피 등) 종류도 다양하고 의외로 맛도 좋다. 시리얼은 커피를 곁들여 먹으면 가격이 적게 든다.

● 레스토랑
가끔은 레스토랑에서 식사하는 것도 좋다. 미국의 레스토랑은 한국에 비해 훨씬 가격이 싸다. 맛있는 레스토랑을 찾는 요령은 바로 붐비는 레스토랑을 찾는 것이다. 손님이 많다는 것은 그만큼 맛있다는 것을 의미한다. 가게 앞에 메뉴가 붙어 있으므로 메뉴와 가격을 잘 보고 나서 들어갈 것인지를 결정한다.

● 거리의 델리
대도시의 길 모퉁이나 지방의 큰 길가에 햄버거, 피자 등을 파는 패스트푸드점이 있다. 샐러드와 샌드위치를 여러 가지로 조화시켜 주문할 수 있는 델리점도 인기가 있다.

● 자취
그러나 역시 밥을 먹고 싶은 사람은 수퍼마켓에 가서 캘리포니아 쌀을 사다가 밥을 지어 먹도록 하자. 그리고 몇몇 시골을 제외하고는 한국 음식물을 구할 수 있다. 한국인이 운영하지 않더라도 동양인이 운영하는 오리엔탈 샵 등이 많이 있다. 한국과 마찬가지로 가공 식품도 많고, 데우기만 하면 먹을 수 있는 반조리 식품도 있다.

● 술
대부분의 주가 '음주는 20세부터' 라고 법률로 정해 놓고 있다. 레스토랑 등에서 술을 주문하면 "Can I see your ID?" 라고 반드시 묻는다. 동양인은 나이보다 젊어 보이므로 술을 살 때는 반드시 ID를 지참해야 한다. 미국 사회는 술 취한 사람에게 그다지 너그럽지 못하므로 몸을 가누지 못할 정도로 술을 마시는 일이 없도록 주의하자. 미국에서도 음주운전에 의한 사고가 큰 사회 문제가 되고 있어 텔레비전 광고에서도 "Don't Drink and Drive"등 주의를 촉구하고 있다.

③ 레스토랑에서

레스토랑에 도착하면 예약 여부를 알려준 다음 안내를 기다린다. 예약을 하지 않은 경우에는 만원으로 거절당하거나 자리가 날 때까지 기다려야 하는 경우도 있다. 기다리는 시간이 길어질 경우를 대비해서 그 자리에서 예약을 해두면 좋다. 짐이나 코트 등을 맡아 주는지 확인해 둔다. 귀가시간이 늦어질 경우를 대비해서 귀가 택시를 확실히 수배해 둔다. 요리를 주문할 때에는 메뉴를 잘 읽고 웨이터의 조언을 참고해서 천천히 검토한다.

1. 예약하지 않았습니다만, 빈 자리가 있습니까?
I didn't make a reservation. Can I get a seat?
아이 디튼 메이커 레저베이션 캐나이 겟 어 씨잇

2. 지금 빈 자리가 없습니다.
All the seats are taken right now.
올 더 씨잇츠 아 테이큰 롸잇 나우

3. 얼마나 기다려야 합니까?
How long is the wait?
하우 롱 이즈 더 웨잇

4. 기다리겠습니다. 준비가 되면 불러 주십시오.
We'll wait. Please call us when you're ready.
위일 웨이트 플리이즈 콜 엇쓰 웬 유어 뤠디

5. 구석 자리를 부탁합니다.
I'd like to get a table in the corner.
아이드 라익 투 겟 어 테이블 인 더 코너

6. 창문 옆 좌석으로 부탁합니다.
Can we get a table by the window?
캔 위 겟 어 테이블 바이 더 윈도우

7. 모두 함께 앉을 수 있는 테이블을 부탁합니다
We'd like to have seats together, please.
위드 라익 투 해브 씨잇츠 투게더 플리이즈

8. 메뉴(와인 리스트)를 볼 수 있습니까?
Can I see a menu(wine list)?
캐나이 씨 어 메뉴(와인 리스트)

9. 한국어 메뉴는 없습니까?
Do you have a menu in Korean?
두 유 해버 메뉴 인 코리언

10. 지금 주문할 수 있습니까?
Can I order now?
캐나이 오더 나우

11. 오늘밤 특별 요리는 무엇입니까?
What is tonight's special?
왓 이즈 투나잇츠 스페셜

12. 이 식당에서 권하는 요리는 무엇입니까?
What do you recommend?
왓 두 유 레코멘드

13. 이 코스 요금에 음료 요금도 포함되어 있습니까?
Does the price of this course include drinks?
더즈 더 프라이스 어브 디스 코스 인클루드 쥬링스

14. 옆 테이블과 같은 걸로 주십시오.
I'd like to have the same dish as the next table.
아이드 라익 투 해브 더 세임 디쉬 애즈 더 넥스테이블

15. 물(음료) 한 잔 더 주십시오.
May I have another glass of water(drink)?
메 아이 해브 어너더 글래스 어브 워러(쥬링크)

16. 식전주는 무엇이 있습니까?
What kind of aperitifs do you have?
왓 카인 어브 아페리팁스 두 유 해브

17. 쉐리주를 부탁합니다.
I'd like a sherry, please.
아이드 라이커 셰리 플리이즈

18. 지방 특산 와인을 마시고 싶습니다.
I'd like to have local wine.
아이드 라익 투 해브 로컬 와인

19. 와인을 잔으로 주문할 수 있습니까?
Can I order wine by the glass?
캐나이 오더 와인 바이 더 글래스

20. 주문하시겠습니까?
Are you ready to order now?
아 유 뢰디 투 오더 나우

21. 아직 정하지 못했습니다. 잠시만 기다려 주십시오.
I haven't decided yet. Just a moment, please.
아이 해븐 디사이리드 옛 저스트 어 모우먼트 플리이즈

22. 정식은 있습니까?
Do you have a set menu?
두 유 해버 셋 메뉴

23. 가장 빨리 나오는 요리는 무엇입니까?
Which is the quickest dish you made?
위치 이즈 더 퀵스트 디쉬 유 메이드

24. 수프는 콩소메, 포타주 중 어느 것으로 하시겠습니까?
Which soup would you like to have, consomme or potage? 위치 숩 우쥬 라익 투 해브 깐서메이 오어 포타주

25. 고기는 어떻게 요리해 드릴까요?
How would you like your meat cooked?
하우 우쥬 라이크 유어 밋 쿡트

26. 웰던으로 부탁합니다.
Well-done, please.
웰던 플리이즈

27. 이 요리와 어울리는 와인을 소개해 주십시오.
Please recommend a good wine for this dish.
플리이즈 레코멘드 어 굿 와인 포 디스 디쉬

28. 디저트를 내와도 되겠습니까?
Are you ready for dessert?
아 유 뢰디 포 디저트

29. 커피와 홍차 중 어느 것으로 하시겠습니까?
Which would you like to havc, coffee or tea?
위치 우쥬 라익 투 해브 커피 오어 티이

30. 빵을 좀 더 주십시오.
I'd like to have more bread, please.
아이드 라익 투 해브 모어 브레드 플리즈

31. 이건 무슨 요리입니까?
What is this dish?
왓 이즈 디스 디쉬

32. 미안합니다. 나이프를 떨어 뜨렸습니다.
Excuse me, I dropped my knife.
익스큐즈 미 아이 드롭트 마이 나이프

33. 후추를 좀 집어 주시겠습니까?
Could you please pass me the pepper?
크쥬 플리이즈 패스 미 더 페퍼

34. 주문을 취소해도 됩니까?
Can I cancel my order, please?
캐나이 캔슬 마이 오더 플리이즈

35. 주문을 바꿔도 되겠어요?
Can you please change my order?
캔 유 플리이즈 췌인지 마이 오더

36. 이것을 치워 주시겠습니까?
Can you please take this away?
캔 유 플리이즈 테익 디스 어웨이

37. 디저트를 주십시오.
Can I have a dessert, please?
캐나이 해버 디저트 플리이즈

④ 불만

1. 주문한 요리가 아직 나오지 않았습니다.
   I haven't gotten my order yet.
   아이 해븐트 갓튼 마이 오더 옛

2. 곧 나올 겁니다.
   I think you can have it soon.
   아 띵크 유 캔 해브 잇 순

3. 곧 떠나야 하니까 서둘러 주시겠습니까?
   I have to leave soon. Could you please hurry up?
   아이 해브 투 리-브 순 크쥬 플리이즈 허뤼 업

4. 맛이 이상한데요.
   This tastes strange.
   디스 테이스츠 스트레인쥐

5. 이 스테이크는 너무 익혔는데요.
   I'm afraid this steak is over done.
   아임 어프뢰이드 디스테이크 이즈 오버 던

6. 이 잔은 더럽습니다. 다른 잔을 주시겠어요?
   This glass is not very clean. Could I have another glass, please?
   디스 글래스 이즈 낫 베리 클리인 쿠다이 해브 어나더 글래스 플리이즈

7. 야채 샐러드가 아니라 해산물 샐러드를 주문했는데요.
   I think I ordered seafood salad, not green salad.
   아이 띵크 아이 오더드 시푸드 샐러드 낫 그린 샐러드

8. 미안하지만 다른 것을 주문했는데요.
I'm sorry, but I ordered something different.
아임 쏘오리 벗 아이 오더드 썸띵 디풔런트

9. 이것은 주문하지 않았는데요.
I don't think I ordered this.
아론 띵크 아이 오더 디스

10. 이것을 바꿔 주십시오.
Please change this.
플리이즈 췌인지 디스

11. 주문을 확인해 주시겠습니까?
Can you please check the order?
캔 유 플리이즈 체크 디 오더

12. 미안하지만 이건 못 먹겠군요.
I'm sorry, I can't have this.
아임 쏘오리 아이 캔트 해브 디스

실용단어

스푼	포크	나이프	잔	젓가락
spoon 스푼	**fork** 포크	**knife** 나이프	**glass** 글래스	**chopsticks** 찹스틱스
접시	요리	특별요리	조미료	케찹
plate 플레이트	**dish** 디쉬	**special dish** 스페셜 디쉬	**condiments** 컨더먼츠	**kechup** 케첩
후추	소금	겨자	마요네즈	소스
pepper 페퍼	**salt** 솔트	**mustard** 머스터드	**mayonnaise** 메이어네이즈	**sauce** 소스
오늘의 요리				
today's special / recommendation 투데이스 스페셜 / 레코멘데이션				

143

테이블 세팅 Table Setting

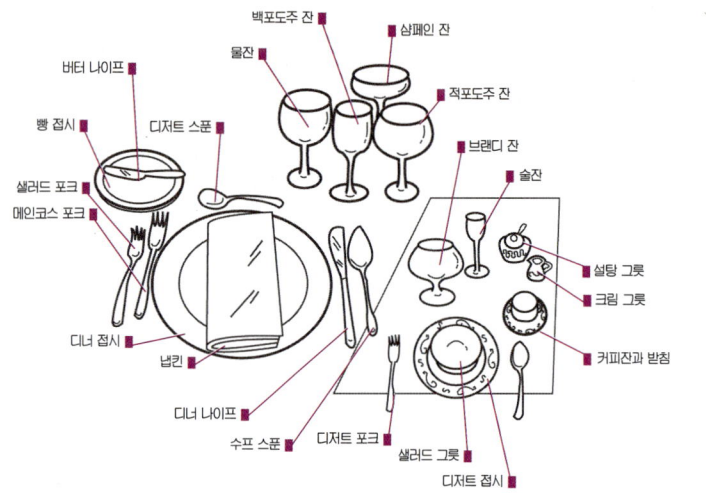

식사 예절 Tip

- 웨이터나 웨이츄레스를 부를 때에는 손짓을 하거나 큰 소리로 부르지 말고 가볍게 손을 들면 된다.
- 동석한 남성에게 여성이 와인이나 맥주를 따르는 것은 좋지 않다. 남성이 따르는 것은 상관없다.
- 테이블에 앉은 채로 화장을 고치지 말 것. 화장실을 이용하자.
- 냅킨은 목에 걸지 않고 두 번 접어서 무릎 위에 올려 놓는다. 손이나 입을 닦을 때는 뒷면을 이용한다. 자리에서 일어설 때는 의자 한쪽 끝에 올려 놓고 식사를 마치면 테이블 위에 올려 놓는다.
- 나이프와 포크는 바깥쪽에서부터 순서대로 사용한다. 롤빵은 한입씩 떼어 버터를 발라 먹는다. 토스트는 버터를 바르고 그릇 위에서 찢어 먹는다.
- 입안에 음식물이 든 채로 와인을 마시지 않는다. 식사 중에는 소리를 내지 않도록 한다. 담배는 디저트 먹을 때까지 참을 것.
- 팔을 뻗어서 다른 사람 앞에 있는 물건을 가져오지 않는다. 가져오고 싶을 때는 가까이 있는 사람에게 부탁한다. 물건을 바닥에 떨어뜨렸을 때는 자신이 줍지 말고 웨이터나 웨이츄레스를 불러서 주위달라고 한다.

⑤ 패스트푸드점

1. 커피만 마셔도 됩니까?
Can I have only coffee?
캐나이 해브 온니 커피

2. 어디에서 주문합니까?
Where do I order?
웨어 두 아이 오더

3. 나이프나 포크는 어디에 있습니까?
Where are the knives and forks?
웨어 아 더 나이브스 앤 포크스

4. 이 자리에 앉아도 됩니까?
Can I take this seat?
캔나이 테익 디 씨잇

5. 샌드위치 있습니까?
Do you have sandwiches?
두 유 해브 샌위치스

6. 어떤 게 있습니까?
What do you have?
왓 두 유 해브

7. 요금은 먼저 지불합니까?
Do we pay in advance?
두 위 페이 인 어드밴스

8. 여기서 드시겠습니까, 가지고 가시겠습니까?
   Here or take out(to go)?
   히어 오어 테이크 아웃(투 고우)

9. 여기서 먹겠습니다.(가지고 가겠습니다.)
   Here.(Take out.)
   히어(테이크 아웃)

10. 햄버거와 콜라를 주십시오. 가지고 가겠습니다.
   Hamburger and Cola, take out, please.
   햄버거 앤 콜라. 테이크 아웃 플리즈

11. 겨자와 양파를 넣을까요?
   How about mustard and onion?
   하우 어바웃 머스터드 앤 오니언

12. 겨자는 넣지 마십시오.
   No mustard, please.
   노우 머스터드 플리즈

13. 양파를 많이 넣어 주십시오.
   I'd like to have extra onion.
   아이드 라익 투 해브 엑스츄라 오니언

14. 스몰 사이즈 핫도그와 콜라 큰 것으로 주십시오.
   Small hot dog and large Cola.
   스몰 핫독 앤 라지 콜라

실용단어

가벼운 식사	햄버거	티 세트	음료수
light meal(snack)	hamburger	tea set	drinking water
라잇 미일(스낵)	햄버거	티셋	주링킹 워러

❻ 카페

카페는 프랑스에서는 café, 이탈리아에서는 bar, 영국이나 미국에서는 coffee house, barroom 등으로 부른다. 여기에서는 커피, 홍차뿐만 아니라 맥주 등의 주류, 간단한 식사도 주문할 수 있다. 대부분의 경우 서서 먹거나 앉아서 먹는 것에 따라 2가지 종류의 요금이 있고 카운터에 서서 먹는 것이 가장 싸다.

1. 음료는 무얼 드시겠습니까?
What would you like to drink?
왓 우쥬 라익 투 쥬링크

2. 술은 있습니까?
Do you serve alcohol?
두 유 서브 앨코할

3. 와인과 맥주가 있습니다.
We have wine and beer.
위 해브 와인 앤 비어

4. 무슨 맥주를 드시겠습니까?
What kind of beer would you like?
왓 카인 어브 비어 우쥬 라이크

5. 무엇이 있습니까?
What do you have?
왓 두 유 해브

6. 버드와이저를 주십시오.
I'll have a Bud.
아일 해브 어 버드

7 바 (Bar)

1. 빈 테이블입니까?
Is this table taken?
이즈 디스 테이블 테이큰

2. 카운터가 좋겠습니다.
Counter is fine.
카아우너 이즈 퐈인

3. 스카치를 마시고 싶습니다만 뭐가 있습니까?
I'd like to have scotch. What do you have?
아이드 라익 투 해브 스카취 왓 두 유 해브

4. 스카치는 대부분 다 있습니다.
We have most scotches.
위 해브 모스트 스카치스

5. 물 탄 더블을 두 잔 주십시오.
We'd like two doubles with water, please.
위드 라익 투 더블스 위드 워러 플리이즈

6. 스카치에 물을 섞어 주십시오.
Scotch with water, please.
스카취 위드 워러 플리이즈

7. 한 잔 더 주십시오.
Another glass, please.
어나더 글래스 플리이즈

148

8. 같은 것을 주십시오.
Same thing, please.
세임 띵 플리즈

9. 먹을 게 좀 있습니까?
Do you have anything to eat?
두 유 해브 애니띵 투 잇

10. 치즈를 좀 주십시오.
I'd like to some cheese, please.
아이드 라익 투 썸 취즈 플리즈

11. 독하지 않게 칵테일을 만들어 주십시오.
Give me a cocktail, not so strong, please.
김미 어 칵테일 낫 소우 스츄롱 플리즈

12. 재떨이를 바꿔 주시겠습니까?
Could you change the ashtray?
크쥬 췌인쥐 디 애쉬츄레이

13. 술은 충분히 마셨습니다.
I've had enough alcohol.
아이브 해드 이너프 앨코할

실용단어

술	카운터	맥주 안주	모듬 땅콩
liquor 리쿼	**counter** 키아우너	**side dish for beer** 사이디쉬 포 비어	**mixed nuts** 믹스트 넛츠
얼음을 띄운	더블	물을 섞은	잔
on the rocks 언 더 락스	**double** 더블	**with water** 위드 워러	**glass** 글래스
병	캔		
bottle 바틀	**can** 캔		

8 나이트클럽

1. 쇼는 몇 시에 시작합니까?
   What time does the show start?
   왓 타임 더즈 더 쇼우 스타-트

2. 오늘 밤엔 무슨 쇼를 합니까?
   What kind of show is on tonight?
   왓 카인 어브 쇼우 이즈 언 투나잇

3. 쇼가 잘 보이는 자리를 예약하고 싶습니다.
   I'd like to make a reservation for a good table to watch the show. 아이드 라익 투 메이커 레저베이션 포 어 굿 테이블 투 와치 더 쇼우

4. 다음은 8시 공연입니다.
   The next one starts at eight.
   더 넥스트 원 스타-츠 앳 에잇

5. 곧 시작됩니다.
   It's gonna start soon.
   잇츠 고나 스타-트 순

6. 예약하지 않았습니다만 빈 자리가 있습니까?
   I didn't make a reservation. Can I get a table?
   아이 디든 메이커 레저베이션 캐나이 겟 어 테이블

7. 몇 분이십니까?
   How many people?
   하우 매니 피-플

9 계산하기

외국 레스토랑에서의 지불은 그 테이블에서 마치는 것이 대부분. 식사를 마치고 자리에서 일어서기 전에 손을 들어 웨이터나 웨이츄레스를 부르고 Check, please. 또는 Bill, please.라고 하며 계산서를 부탁한다. 계산서를 가지고 오면 그 자리에서 내용을 확인하고 맞으면 계산서 사이에 돈을 끼워서 건넨다.

계산서에 10~15%의 세금과 서비스료(Service Charge)가 가산되어 있는 경우와 그렇지 않은 경우가 있다. 가산되어 있지 않은 경우에는 거스름돈을 가지고 오면 10~15%의 팁을 놓고 나온다. 신용카드로 계산할 때는 계산서에 사인하고 팁 분은 Service Charge 15% 또는 Service Charge $5 등으로 직접 써 넣을 것.

1. 계산서를 부탁합니다.
Check, please.
첵 플리이즈

2. 자리에서 지불합니까?
Do I pay at the table?
두 아이 페이 앳 더 테이블

3. 출납계에서 해 주십시오.
At the register, please.
앳 더 레지스터 플리이즈

4. 함께 지불하시겠습니까?
Will you pay together?
윌 유 페이 투게더

5. 각자 계산하고 싶습니다.
We want to pay separately.
위 워너 페이 세퍼레잇리

6. 제가 지불하겠습니다.
I'll pay.
아일 페이

7. 서비스료(자리세)는 포함되어 있습니까?
Is the service charge(cover charge) included?
이즈 더 써비스 촤-쥐(커버 촤-쥐) 인클루릿

8. 세금은 포함되어 있습니까?
Is tax included?
이즈 텍스 인클루릿

9. 전부 얼마입니까?
How much is the total?
하우 머춰 이즈 더 토털

10. 현금으로 지불하고 싶습니다.
I'd like to pay in cash.
아이드 라익 투 페이 인 캐쉬

11. 신용카드(여행자 수표)를 사용할 수 있습니까?
Can I use a credit card(traveler's check)?
캐나이 유즈 어 크레딧 카-드(추레블러즈 책)

12. 계산이 틀린 것 같습니다.
I think the calculation is wrong.
아이 띵크 더 캘큘레이션 이즈 롱

13. 거스름 돈이 적은 것 같습니다.
I think there should be more change.
아이 띵크 데어 슈드 비 모어 췌인쥐

14. 이건 무슨 요금입니까?
What is this charge for?
왓 이즈 디스 촤-쥐 포

15. 팁은 카드 지불에 포함시켜 주십시오.
Please include the tip with my credit card.
플리이즈 인클루 더 팁 위드 마이 크레릿 카-드

16. 거스름돈은 가지세요.
Keep the change.
키입 더 췌인쥐

실용단어

서비스료	자리 요금	세금 전 가격	팁
service charge	cover charge	price before tax	tip
서비스 촤-지	커버 촤-지	프라이스 비포어 텍스	팁
계산	거스름돈	현금	영수증
check	change	cash	receipt
체크	췌인지	캐쉬	리시트
계산서	여행자 수표		
bill	traveler's check		
빌	추래블러스 체크		

메뉴 보는 법

1. 메뉴 읽는 법

외국어만으로 된 메뉴판을 보고 당황하지 않으려면 메뉴판에 자주 등장하는 용어와 빠지지 않는 요리 몇가지를 미리 알고 가는 것이 좋다. 그래야만 자신있게 요리를 주문할 수 있다. 메뉴에는 정식(Table d' Hote)과 일품요리(A la Carte)가 있다. 정식은 일정코스로 식사가 정해져 있는 것을 말한다. 여기에는 수프에서 후식까지 포함된다. 여행자는 대부분 저녁식사 때 정식을 접하게 된다.

정식

입맛을 돋우는 전채 요리 → 수프 → 주식 코스

주식은 어패류, 육류, 샐러드로 이루어진다. 물론 전채 전에는 식전주, 코스에 들어가면 식중주, 후에 식후주가 나온다. 그리고 식사가 끝나면 디저트와 커피 등이 나온다. 주문할 때에는 코스 요리 중에서 원하는 고기를 선택하고 크기와 익히는 정도(well-done/충분히 요리된, medium/알맞게 익은, rare/설익은 요리)를 지정해 준다. 술의 종류도 개인적 취향에 맞도록 선택한다.

일품요리

일품요리는 자기가 먹고 싶은 것만 골라 먹을 수 있으며, 각자 먹은 것만 지불하면 된다. 즉 각 요리마다 가격이 정해진 선택 식사인 셈이다.

2. 메뉴에 자주 등장하는 용어

- Sole 소울 — 가자미
- Oyster 오이스터 — 게
- Salmon 새먼 — 연어
- Beef 비프 — 쇠고기
- Veal 비얼 — 송아지고기
- White Wine 와잇 와인 — 백포도주
- Red Wine 레드 와인 — 적포도주
- Beer 비어 — 맥주
- Salad 샐러드 — 샐러드
- Fruit 프룻 — 파일
- Pork 포크 — 돼지고기
- Chicken 취큰 — 닭고기
- Rice 롸이스 — 밥 종류
- Roast 로우스트 — 굽다
- Fried 프라이드 — 후라이한 것

3. 식탁에서의 사인

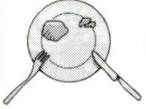

I'm still eating. (아직 식사중입니다.)   I'm finished. (식사를 마쳤습니다.)

쇼핑

1. 상점·매장을 찾을 때 156
2. 옷 160
3. 화장품 167
4. 귀금속 170
5. 가죽제품 173
6. 면세점 176
7. 계산하기 178
8. 반품과 환불 181

① 상점·매장을 찾을 때

백화점이나 면세점 외에도 현지의 사람들이 자주 이용하는 상점도 알아 둔다. 근무는 보통 월요일부터 금요일까지 하고 근무시간은 업종, 지역에 따라서 차이가 있지만 대개 주 40시간 근무를 한다. 소매점은 오전 10시에 개점하고 오후 6시~10시 사이에 폐점하고 월요일부터 토요일까지 영업한다. 식료품점은 오전 8시에 영업을 시작해서 늦은 밤까지 한다. 최근에는 연중무휴 365일 개점하는 편의점도 있다.

```
관공서   - 월요일~금요일 : 오전 9시~오후 5시
은행     - 월요일~금요일 : 오전 9시~오후 4시
기업 사무직 - 월요일~금요일 : 오전 8시~오후 5시
생산직   - 월요일~금요일 : 오전 7시~오후 3시 30분
백화점   - 월요일~토요일 : 오전 10시~오후 6시
```

1. 선물은 어디에 가면 살 수 있습니까?
Where can I buy some gifts?
웨어 캐나이 바이 썸 기프츠

2. 근처에 면세점이 있습니까?
Is there a duty free shop around here?
이즈 데어 어 듀티프리 샵 어롸운드 히어

3. 대형백화점은 어디에 있습니까?
Where is a big department store?
웨어 이즈 어 빅 디파-트먼트 스토어

4. 이 근처에서 가장 유명한 브랜드점을 가르쳐 주시겠습니까?
Can you tell me the most famous brand name shop around here? 캔 유 텔 미 더 모우스트 페이머스 브랜드 네임 샵 어롸운드 히어

5. 이 도시의 어디에 쇼핑몰이 있습니까?
Where is the shopping mall in town?
웨어 이즈 더 샤핑모얼 인 타운

6. 가장 가까운 쇼핑몰을 가르쳐 주십시오.
Tell me the closest shopping mall from here.
텔 미 더 클로우지스트 샤핑모얼 프럼 히어

7. 이 쇼핑가의 안내도를 구할 수 있습니까?
Can I get an information guide for this mall?
캐나이 겟 언 인포메이션 가이드 포 디스 모올

8. 의류 매장은 몇 층입니까?
Which floor has clothing items?
위치 플로어 해즈 클로딩 아이럼즈

9. 구두는 어디에서 살 수 있습니까?
Where can I get some shoes?
웨어 캐나이 겟 썸 슈즈

10. 식료품 매장은 몇 층입니까?
Which floor has foods?
위치 플로어 해즈 푸-즈

11. 여기에서 화장품을 살 수 있습니까?
Can I get cosmetics here?
캐나이 겟 카즈메릭스 히어

12. 할인점을 찾고 있습니다.
I'm looking for a discount shop.
아임 룩킹 포 어 디스카운트 샵

13. 벼룩 시장은 있습니까?
Are there any flea markets?
아 데어 애니 플리- 마켓츠

14. 언제 엽니까?
When are they open?
웬 아 데이 오픈

15. 정기휴일은 언제입니까?
Which day are they closed?
위치 데이 아 데이 클로우즈드

16. 영업 시간을 가르쳐 주십시오.
What hours are you open?
왓 아워스 아 유 오픈

17. 젊은 사람에게 인기있는 브랜드점은 어디입니까?
Where is a popular brand shop for young people?
웨어 이즈 어 팝퓰러 브랜드 샵 포 영 피-플

18. 모피를 취급합니까?
Do you sell furs?
두 유 셀 퓌-스

19. 액세서리는 이 층에서 팔고 있습니까?
Is this the accessory floor?
이즈 디스 디 액세서리 플로어

20. 찾는 것이 있나요?
Are you looking for something?
아 유 룩킹 포 썸띵

21. 어떤 종류(브랜드)가 있습니까?
What kind(s)(brands) do you have?
왓 카인즈(브랜즈) 두 유 해브

22. 어떤 종류의 구두를 찾고 있습니까?
What kind of shoes are you looking for?
왓 카인 어브 슈-즈 아 유 룩킹 포

23. 나이프를 보여 주십시오.
Show me some knives, please.
쇼우 미 썸 나이브스 플리이즈

24. 다른 것(저것)을 보여 주십시오.
Show me another(that) one, please.
쇼우 미 어나더(댓) 원 플리이즈

25. 이것은 어떻습니까?
How about this one?
하우 어바웃 디스 원

26. 아직 정하지 않았습니다. 좀 도와주실 수 있습니까?
I'm not sure(certain). Maybe you can help me.
아임 낫 슈어(서-튼) 메이비 유 캔 헤업 미

실용단어

면세점	기념품점	전문점	가게
duty free	souvenir shop	speciality store	shop / store
듀티 프리	수버니어 샵	스페셜리티 스토어	샵 / 스토어
매장	백화점		
counter	department store		
카운터	디파-트먼트 스토어		

② 옷

상점에 들어서면 「Hi!」라고 인사하는 게 좋다. 살 마음이 없는데도 점원이 말을 걸어오면 "Just looking."이라고 하고, 마음에 들지 않는 상품을 권하면 "No, thank you."라고 확실히 말하자.

한국인은 무의식 중에 상품을 집어 보는 버릇이 있지만 여행지에서는 그러지 않는 게 좋다. 손에 집은 물건은 사는 것이 당연하다는 것이 그들의 사고 방식이기 때문이다. 흥미가 당기는 물건이라도 손대지 말고 점원에게 말해서 집어 달라고 한다. 양복 등은 사이즈나 색 등을 알려주면 희망하는 것을 골라서 입혀 준다.

1. 어서 오십시오.
May I help you?
메 아이 헬프 유

2. 구경 좀 하겠습니다.
I'm just looking, thank you.
아임 저스트 룩킹 땡큐

3. 실례지만, 도와 주시겠습니까?
Excuse me, can you help me?
익스큐즈 미 캔유 헤업 미

4. 내가 입을 양복을 찾고 있습니다.
I'm looking for a suit for me.
아임 룩킹 포 어 수웃 포 미

5. 50달러 정도의 청바지를 찾고 있습니다.
I'm looking for jeans which cost around fifty dollars. 아임 룩킹 포 진스 위치 코스트 어롸운드 피프티 달러즈

6. 실크 블라우스 있습니까?
Do you have any silk blouse?
두 유 해브 애니 실크 블라우스

7. 드레스를 골라 주시겠습니까?
Can you help me to choose a dress?
캔 유 헤읍 미 투 츄-즈 어 쥬레스

8. 이 스커트의 사이즈는 얼마입니까?
What size is this skirt?
왓 사이즈 이즈 디스커-트

9. 이 나라의 사이즈는 모릅니다.
I don't know sizes in this country.
아론 노우 사이지즈 인 디스 컨츄리

10. 사이즈를 재 주시겠습니까?
Can you measure me, please?
캔 유 메줘 미 플리이즈

11. 다른 사이즈는 없습니까?
Is there any other sizes?
이즈 데어 애니 아더 사이지즈

12. 다른 색깔은 없습니까?
Do you have different colors?
두 유 해브 디풔런 컬러즈

13. 잠시 기다려 주십시오. 조사해 보겠습니다.
Just a moment, please. I'll check.
줘스트 어 모우먼트 플리이즈 아일 첵

14. 입어봐도 됩니까?
May I try it on?
메 아이 츄라이 잇 언

15. 다른 옷을 입어 봐도 됩니까?
Can I try some other clothes?
캐나이 츄라이 썸 아더 클로드즈

16. 이 스웨터는 여성용입니까?
Is this a woman's sweater?
이즈 디스 어 워먼즈 스웨러

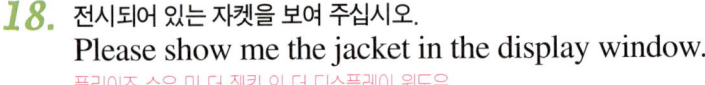

17. 이건 얼마입니까?
How much is this?
하우 머춰 이즈 디스

18. 전시되어 있는 자켓을 보여 주십시오.
Please show me the jacket in the display window.
플리이즈 쇼우 미 더 줴킷 인 더 디스플레이 윈도우

19. 소재는 무엇입니까?
What is this made of?
왓 이즈 디스 메이더브

20. 면 100 퍼센트입니다.
Hundred percent cotton.
헌드렛 퍼-센트 코튼

21. 좀 끼는(헐렁한) 것 같습니다.
I think this is a little bit tight(loose).
아이 띵크 디스 이즈 어 리를빗 타잇(루즈)

22. 어떤 스타일이 유행하고 있습니까?
What kind of style is now in fashion?
왓 카인 어브 스타일 이즈 나우 인 패션

23. 좀 더 싼 것이 좋겠습니다.
I'd like something a little less expensive.
아이드 라익 썸띵 어 리틀 레스 익스펜시브

24. 무얼 사고 싶습니까?
What would you like to buy?
왓 우쥬 라익 투 바이

25. 이 스웨터를 사겠습니다.
I'll take this sweater, please.
아일 테익 디스웨러 플리이즈

26. 아이들의 선물로 적당한 것 있습니까?
Are there any nice gifts for kids?
아 데어 애니 나이스 기프츠 포 키즈

27. 다른 찾고 있는 것이 있습니까?
Will there be anything else?
윌 데어 비 애니띵 엘스

28. 이것으로 충분합니다.
That's enough, thank you.
댓츠 이너프 땡큐

29. 이것과 같은 것은 있습니까?
Do you have the same one as this?
두 유 해브 더 쎄임 원 애즈 디스

163

30. 이 디자인이 마음에 들지 않습니다.
I don't like this design.
아론 라익 디스 디자인

31. 녹색이 더 좋군요.
I like the green one better.
아이 라익 더 그린 원 베러

32. 탈의실은 어디입니까?
Where is the fitting room?
웨어 이즈 더 피팅 룸

33. 거울을 보여 주십시오.
Let me check in the mirror.
렛 미 체크 인 더 미러

34. 수선해 주시겠어요?
Could you alter this?
크쥬 올터 디스

35. 길이를 3센티미터 줄여 주시겠습니까?
Can you make this three centimeters shorter?
캔유 메익 디스 뜨리 센티미러즈 쇼터

36. 오래 걸립니까?
Will it take much time?
윌 잇 테이크 머취 타임

37. 수선은 무료입니까?
Are alterations free?
아 올터레이션즈 프리

38. 세탁기로 빨아도 됩니까?
Can this be machine-washed?
캔 디스 비 머쉰 와쉬트

39. 드라이 클리닝만 해 주십시오.
Dry cleaning only.
쥬라이 클리닝 오운니

40. 이것은 무슨 브랜드입니까?
What brand is this?
왓 브랜드 이즈 디스

41. 저한테 잘 어울립니까?
Does it look good on me?
더즈 잇 룩 굿 언 미

42. 어느 정도의 나이에 어울릴까요?
What age is this good for?
왓 에이쥐 이즈 디스 굿 포

43. 너무 야합니다.
This is too showy.
디스 이즈 투 쇼우위

옷을 살 때 유의할 점

○ 옷은 한국 제품의 품질이 좋다. 미국의 의류제품은 치수를 센티미터가 아닌 인치로 표시한다. 같은 사이즈라도 나라마다 다르다. 기성복의 경우는 한국인의 체형에 맞는 것이 그다지 흔치 않다. 와이셔츠의 목 둘레는 맞지만 소매 길이가 길거나, 진은 허리와 다리 길이를 처음부터 정해 놓고 팔고 있다. 한국처럼 살 때 소매 길이를 줄여 주는 서비스도 없다. 세탁소에서 의류를 수선해 주기도 하므로 물어보자.

실용단어

상의	바지	양복	셔츠
jacket 줴킷	**pants** 팬츠	**suit(s)** 수트(숫츠)	**shirt** 셔-트
블라우스	드레스	스커트	스웨터
blouse 블라우스	**dress** 쥬레스	**skirt** 스커-트	**sweater** 스웨러
가디건	스웨트 셔츠	티 셔츠	폴로 셔츠
cardigan 카디건	**sweat shirt** 스웨트 셔-트	**T-shirt** 티-셔-트	**polo shirt** 폴로 셔-트
청바지	타이	내의	양말
jeans 진스	**tie** 타이	**underwear** 언더웨어	**socks** 싹스
스타킹	라운드 넥	브이 넥	깃
panty hose 팬티 호우즈	**round-neck** 롸운드 넥	**V-neck** 브이 넥	**collar** 칼러
큰	작은	헐렁한	꽉 끼는
big / large 빅 / 라아쥐	**small** 스모올	**loose** 루-즈	**tight** 타이트
꼭 맞는	긴	짧은	화려한
just fit 쥐스트 핏	**long** 롱	**short** 쇼엇트	**flashy** 플래쉬
수수한	무늬	치수	반 소매
plain 플레인	**pattern** 패턴	**measure** 메줘	**short sleeve** 쇼엇 슬리-브
신사복	숙녀복	아동복	
men's clothes 멘즈 클로드즈	**women's clothes** 워먼즈 클로드즈	**children's clothes** 췰드런즈 클로드즈	
긴 소매	소매없는 옷		
long sleeve 롱 슬리-브	**without sleeves / sleeveless** 위다웃 슬리브스 / 슬리브리스		

❸ 화장품

1. 샤넬 립스틱 29번을 찾고 있습니다.
I'm looking for Chanel lipstick number twenty-nine.
아임 룩킹 포 샤넬 립스틱 넘버 트웨니 나인

2. 그 번호는 품절입니다.
We don't have that number.
위 돈 해브 댓 넘버

3. 한국에서 팔고 있는 것과 같습니까?
Is this the same as we get in Korea?
이즈 디스 더 쎄임 애즈 위 겟 인 코리아

4. 어떤 색이 유행하고 있습니까?
Which color is now in fashion?
위치 컬러 이즈 나우 인 패션

5. 시험해 봐도 됩니까?
May I try it?
메 아이 츄라이 잇

6. 신제품은 발매되었습니까?
Are there any new items on sale?
아 데어 애니 뉴 아이럼즈 언 세이얼

7. 크리스챤 디올 아이 섀도우는 있습니까?
Do you have Christian Dior's eye shadow?
두 유 해브 크리스챤 디오르 아이 섀도우

8. 작은 선물용으로 좋은 것은 있습니까?
Do you have any nice small gifts?
두 유 해브 애니 나이스몰 기프츠

9. 색은 이것이 전부입니까?
Are these all the colors?
아 디즈 올 더 컬러즈

10. 어떤 색을 좋아합니까?
What color would you like?
왓 컬러 우쥬 라익

11. 파운데이션은 어떤 색이 어울릴까요?
Which color foundation is good on me?
위치 컬러 퐈운데이션 이즈 굿 언 미

12. 더 밝은 색은 있습니까?
Do you have a brighter color?
두 유 해버 브라잇러 컬러

13. 더 밝은(수수한) 색 립스틱을 보여 주십시오.
Show me a brighter(plainer) color lipstick, please.
쇼우 미 어 브라이러(플레이너) 컬러 립스틱 플레이즈

14. 인기있는 향수는 무엇입니까?
Which perfume is popular?
위치 퍼퓸 이즈 팝퓰러

15. 냄새가 강하지 않은 걸로 골라 주십시오.
Please pick something which is not so strong.
플리이즈 픽 썸띵 위치 이즈 낫 소우 스츄롱

16. 이것과 같은 것이 있습니까?
Do you have the same as this?
두 유 해브 더 쎄임 애즈 디스

17. 이것은 무슨 브랜드입니까?
What brand is this?
왓 브랜드 이즈 디스

18. 이 색과 비슷한 매니큐어를 골라 주십시오.
Please find a nail enamel which is close to this color.
플리이즈 퐈인더 네일 이네멀 위치 이즈 클로우즈 투 디스 컬러

19. 이것을 사고 싶습니다.
I'd like to buy this.
아이드 라익 투 바이 디스

실용단어

스킨 로션	밀크 로션	보습 크림	기초화장품
skin lotion	milky lotion	day cream	foundation
스킨 로션	밀키 로션	데이 크림	퐈운데이션
립스틱	아이섀도우	마스카라	매니큐어
lipstick	eye shadow	mascara	nail enamel
립스틱	아이 섀도우	매스캐러	네일 이네멀
썬탠로션	썬탠오일	향수	비누
sun-tan lotion	sun-tan oil	perfume	soap
선탠 로션	선탠 오일	퍼퓸	소웁
밝은	어두운/진한	엷은	
bright	dark	thin	
브라잇	다크	띤	

169

④ 귀금속

> 브랜드 물건이나 명품 등 고가의 것을 구입할 때는 면세점이나 전문점, 백화점 등 신용할 수 있는 가게를 고른다. 특히 보석류는 보통 사람은 진품인지 모조품인지 구별이 곤란하므로 신용할 수 없는 가게의 싼 물건은 조심할 것.

1. 진열장 안의 것을 보고 싶습니다.
I'd like to see the things in the case.
아이드 라익 투 씨 더 띵스 인 더 케이스

2. 그 목걸이를 보여 주십시오.
Show me the necklace, please.
쇼우 미 더 넥클리스 플리이즈

3. 진짜입니까?
Is this real?
이즈 디스 리얼

4. 약지 사이즈를 재 주시겠습니까?
Will you measure my ring finger, please?
윌 유 메줘 마이 링 핑거 플리이즈

5. 보증서를 받을 수 있습니까?
Can I get a warranty card?
캐나이 게러 워런티 카-드

6. 끼어 볼 수 있습니까?
Can I try it on?
캐나이 츄라이 잇 언

7. 사이즈를 맞춰 주시겠습니까?
Can you adjust the size?
캔 유 어드줘스트 더 사이즈

8. 페어 시계를 찾고 있습니다.
I'm looking for a pair of matching watches.
아임 룩킹 포 러 페어 어브 매칭 와취스

9. 예산은 100달러 정도입니다.
I'd like to pay about a hundred dollars.
아이드 라익 투 페이 어바웃 어 헌드렛 달러즈

10. 이 보석(금속)은 무엇입니까?
What is this stone(metal)?
왓 이즈 디스토운(메털)

11. 사파이어입니다.
The stone is sapphire.
더 스토운 이즈 새퐈이어

12. 이 반지는 18금입니다.
This ring is eighteen-carat gold.
디스 링 이즈 에잇틴 캐럿 고울드

13. 심플한 디자인은 없습니까?
Do you have anything with a simple design?
두 유 해브 애니띵 위드 어 씸플 디자인

14. 시계의 시간을 맞춰 주십시오.
Please set the time of the watch.
플리이즈 셋 더 타임 어브 더 와취

15. 권할 만한 것으로 2~3개 보여 주십시오.
Show me a couple of your recommendations, please.
쇼우 미 어 커플 어브 유어 레코멘데이션즈 플리이즈

16. 디지털(아날로그) 시계는 있습니까?
Do you have digital(analog) watches?
두 유 해브 디지털(애널록) 와취스

17. 어떤 기능이 있습니까?
What kind of functions does it have?
왓 카인 어브 펑션 더즈 잇 해브

18. 방수는 됩니까?
Is it water-proof?
이즈 잇 워러 프루프

19. 어디서 만든 것입니까?
Where is this made?
웨어 이즈 디스 메이드

실용단어

반지	목걸이	귀걸이	브로치
ring 링	necklace 네클리스	earrings 이어링스	brooch 브로취
순금	18금	백금	금도금
pure gold 퓨어 고울드	18 carat gold 에잇틴 캐럿 고울드	platinum 플래티넘	gold plated 고울드 플레이티드
(귀를 뚫은) 귀걸이			
earrings for pierced ears 이어링스 포 피어스드 이어스			

가죽제품

소위 관광 선물을 미국에서 찾기란 어렵다. 그러나 실리주의 국가이기 때문에 합리적으로 만든 실용품 중에는 우수한 것이 매우 많다. 특히 부엌용품이나 공구류는 싸면서 질 좋은 것이 많고, 문방구, 피혁, 면제품, 내의, 넥타이, 실외용품, 골프용품, 레코드, 버본 위스키, 향수 등도 좋다. 그 외에 의류도 괜찮다. 톱브랜드의 유럽 디자인도 파리보다는 뉴욕 쪽이 싸고 사기도 편리하다.

1. 이 구두를 신어 보고 싶습니다.
I'd like to try on these shoes.
아이드 라익 투 츄라이 언 디즈 슈즈

2. 리복 운동화 있습니까?
Do you have Reabok sneakers?
두 유 해브 리복 스니커즈

3. 여기에 나와 있는 것 뿐입니까?
Is this all you have?
이즈 디스 올 유 해브

4. 세일품은 있습니까?
Do you have anything on sale?
두 유 해브 애니띵 언 세이얼

5. 부드러운 가죽이 좋습니다.
I like smooth leather.
아이 라익 스무드 레더

6. 어떤 디자인이 유행하고 있습니까?
What kind of design is now in fashion?
왓 카인 어브 디자인 이즈 나우 인 패션

173

7. 흠집이 나기 쉽습니까?
Is this delicate?
이즈 디스 델리킷

8. 숄더백을 찾고 있습니다.
I'm looking for a shoulder bag.
아임 룩킹 포 어 쇼울더 백

9. 진짜 가죽입니까?
Is this real leather?
이즈 디스 뤼얼 레더

10. 발가락이 좀 낍니다.
The toes are a little bit tight.
더 토우즈 아 어 리를 빗 타잇

11. 잘 맞는 것 같습니다.
Seems fine.
씸스 퐈인

12. 뒷굽이 높은(낮은) 것 같습니다.
I think the heels are too high(low).
아이 띵크 더 히얼스 아 투 하이(로우)

13. 어떤 색을 좋아하세요?
What color would you like?
왓 컬러 우쥬 라이크

14. 갈색을 좋아합니다.
I like brown.
아이 라익 브라운

15. 이것은 얼마입니까?
How much is this?
하우 머취 이즈 디스

16. (구두끈이나 벨트가 길어서) 줄여 주시겠습니까?
Can you make them shorter?
캔 유 메익 뎀 쇼-터

17. 재질은 무엇입니까?
What is this made of?
왓 이즈 디스 메이더브

18. 이 구두는 좀 큽니다.
These shoes are a little bit big for me.
디즈 슈즈 아 어 리를 빗 빅 포 미

실용단어

소가죽	가죽	악어 가죽	구두
cowhide 카우하이드	leather 레더	alligator 앨리게이러	shoes 슈즈
하이 힐	운동화	부츠	핸드백
high heels 하이 히얼스	sneakers 스니커즈	high boots 하이 부츠	handbag 핸드백
숄더백	보스턴 백	지갑(동전)	지갑(지폐)
shoulder bag 쇼울더 백	boston bag 보스턴 백	purse 퍼-스	wallet 왈릿
벨트	수에드(가죽처럼 만든 천)		
belt 벨트	suede 스웨이드		

❻ 면세점

> 면세품은 시내의 면세점, 공항의 면세점, 기내에서 살 수 있다. 공항의 면세점은 수입관세(Duty), 국내 소비세(Tax)가 모두 면제되므로 시내에서 사는 것보다 싸다. 하지만 시내에서 사는 것보다는 품목 수가 적은 것이 단점이라고 할 수 있다. 물건에 따라서는 2배에 가까운 차익이 생길 수 있으므로 여러 나라를 다니는 사람은 구입계획을 잘 세워 둔다.

1. 한국인에게는 어떤 것이 인기가 있습니까?
What kind of things are popular for Korean?
왓 카인 어브 띵스 아 팝퓰러 포 코리언

2. 이 지방의 특산품은 어떤 게 있습니까?
What special products do you have here?
왓 스페셜 프로덕츠 두 유 해브 히어

3. 넥타이는 어디에 있습니까?
Where are neckties?
웨어 아 넥타이즈

4. 말아서 피우는 담배 있습니까?
Do you have hand-rolled cigarettes?
두 유 해브 핸드로울드 시거렛츠

5. 어떤 종류의 시가가 있습니까?
How many kinds of cigars do you have?
하우 매니 카인즈 어브 시거즈 두 유 해브

6. 한 갑에 얼마입니까?
How much is one pack?
하우 머취 이즈 원 팩

7. 선물용 위스키를 찾고 있습니다.
I'm looking for whisky as a gift.
아임 룩킹 포 위스키 애즈 어 기프트

8. 아버지께 드릴 선물을 찾고 있습니다.
I'm looking for a gift for my father.
아임 룩킹 포 어 기프트 포 마이 퍼더

9. 라이터는 어떻습니까?
How about a lighter?
하우 어바우러 라이러

10. 50달러 정도의 것을 사고 싶습니다.
I'd like to get something for around fifty dollars.
아이드 라익 투 겟 썸띵 포 어롸운드 퓌프티 달러즈

11. 이 세트는 낱개로 살 수 있습니까?
Can I get one from this set?
캐나이 겟 원 프롬 디셋

실용단어

브랜디	와인	샴페인	상표
brandy 브랜디	wine 와인	champagne 샴페인	brand 브랜드
시가	버번 위스키	스카치 위스키	
cigar 시거	bourbon whisky 버번 위스키	scotch whisky 스카치 위스키	
면세품			
tax(duty)-free items 텍스(듀티)프리 아이럼즈			

⑦ 계산하기

여행지에서는 신용카드나 여행자수표로 계산하는 것이 편리하다. 특히 신용카드는 ID(신분증명서)와 같은 역할을 하기 때문에 환영받는다. 그러나 서명을 하기 전에는 반드시 금액을 확인해 두자. 여행자수표는 작은 가게에서는 받지 않는 경우도 있다. 시장 등에 가는 경우에는 사전에 현금을 준비해 두는 것이 좋다.

1. 이것을 사겠습니다.
I'll take this, please.
아일 테익 디스 플리이즈

2. 전부 얼마입니까?
What is the total?
왓 이즈 더 토털

3. 출납계는 어디 있습니까?
Where is the cashier?
웨어 이즈 더 캐쉬어

4. 좀 더 싸게는 안 됩니까?
Is this the best price?
이즈 디스 더 베스트 프라이스

5. 영수증을 주십시오.
Receipt, please.
리시-트 플리이즈

6. 여행자 수표를 사용할 수 있습니까?
Can I use traveler's checks?
캐나이 유즈 츄래블러즈 첵스

7. 한국으로 보내 주시겠습니까?
Can you send this to Korea?
캔 유 센디스 투 코리아

8. 선물용으로 포장해 주십시오.
Please gift-wrap this.
플리이즈 기프트 뢉 디스

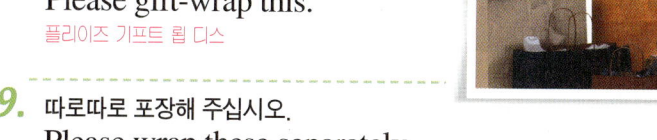

9. 따로따로 포장해 주십시오.
Please wrap these separately.
플리이즈 뢉 디즈 세퍼레잇리

10. 이 금액은 1개의 값입니까?
Is this the price for each one?
이즈 디스 더 프라이스 포 이치 원

11. 거스름돈을 받지 못했습니다.
I haven't received my change yet.
아이 해브트 리시-브드 마이 췌인쥐 옛

12. 계산이 틀린 것 같습니다.
I think your calculation is wrong.
아이 띵크 유어 캘큘레이션 이즈 롱

13. 거스름 돈이 부족한 것 같습니다.
I think I'm supposed to get more change.
아이 띵크 아임 서포우즈드 투 겟 모어 췌인쥐

14. 10달러 지폐를 지불했습니다.
I gave you a ten-dollar bill.
아이 게이브 유 어 텐 달러 빌

15. 다시 한 번 계산해 주시겠습니까?
Could you check it again, please?
크쥬 췌킷 어겐 플리이즈

16. 계산을 따로따로 해 주시겠습니까?
Can we pay separately?
캔 유 페이 세퍼뢰잇리

17. 오늘의 환율은 얼마입니까?
What is the exchange rate today?
왓 이즈 디 익스췌인쥐 뢰잇 투데이

18. 영수증을 따로따로 발행해 주시겠습니까?
Can you separate the receipts?
캔 유 세퍼뢰잇 더 리시-츠

19. 여기에 사인을 하면 됩니까?
Is it O.K. to sign here?
이즈 잇 오우케이 투 사인 히어

20. 어떤 카드를 사용할 수 있습니까?
What cards can we use?
왓 카-즈 캔 위 유즈

21. 물건을 따로 넣어 주십시오.
Can I have a separate bag for each item?
캐나이 해버 세퍼레잇 백 포 이치 아이럼

⑧ 반품과 환불

물건을 산 경우에는 반드시 영수증을 받아 둔다. 단 영수증이 있다고 해서 반드시 반품 교환해 준다고 생각해서는 안 되므로 의복이나 구두를 사는 경우에는 반드시 입어보고 크기, 단추의 유무, 얼룩이나 훼손 등이 없는가를 확인해 두자. 또한 내용물이 바뀌는 경우도 있으므로 포장해 받는 경우에는 내용물 확인하는 것을 잊지 말 것. 식기 등의 깨지기 쉬운 물건을 한국으로 부치는 경우에는 특히 포장에 신경 쓸 것.

1. 이 물건을 반품(교환)하고 싶습니다.
I'd like to return(change) this item.
아이드 라익 투 리턴(췌인쥐) 디스 아이럼

2. 병이 깨졌습니다.
The bottle was broken.
더 바틀 워즈 브로큰

3. 여기가 깨졌습니다.
Here is a crack.
히어 이즈 어 크랙

4. 열어 보니 제가 산 게 아닙니다.
This is different from what I bought.
디스 이즈 디풔런 프롬 왓 아이 보엇트

5. 영수증은 가지고 있습니다.
I have a receipt.
아이 해버 뤼씨-트

6. 영수증을 받지 않았습니다.
I didn't get a receipt.
아이 디든 겟 어 뤼씨-트

7. 전혀 사용하지 않았습니다.
I haven't used it at all.
아이 해븐 유즈드 잇 앳 올

8. 카드로 지불했습니다. 이것이 영수증입니다.
I payed with my card. This is the receipt.
아이 페이드 위드 마이 카-드 디스 이즈 더 뤼씨-트

9. 이 사이즈는 맞지 않습니다.
This size doesn't fit me.
디 싸이즈 더즌 핏 미

10. 망가졌습니다.
This is broken.
디스 이즈 브로큰

11. 이것을 사용할 수 없습니다.
I can't use this.
아이 캔 유즈 디스

12. 다른 것을 골라 주십시오.
Please let me choose another one.
플리즈 렛 미 츄즈 어나더 원

13. 어째서 교환해 줄 수 없습니까?
Why can't I exchange this?
와이 캔트 아이 익스췌인쥐 디스

14. 이것을 교환하고 싶습니다.
I'd like to exchange this.
아이드 라익 투 익스췌인쥐 디스

15. 환불이 됩니까?
Can I get a refund?
캐나이 게러 리펀드

16. 교환만 됩니다. 환불은 안 됩니다.
Sorry, but exchange only no refund.
쏘오리 벗 익스췌인쥐 오운리 노우 리펀드

미국의 도량형 — Sense Click!!

미국은 영국의 도량형을 그대로 사용하고 있는데 1975년부터는 미터제를 도입하였고 점차 국제 단위를 채용하고 있지만, 실생활에서는 야드, 파운드, 갤론, 인치가 계속 사용되고 있다.

길이 (LINER)
1 inch=2.54㎝
1 foot=12 inches=0.3048 m
1 yard=3 feet =0.9144 m
1 rod=5.5 yards=5.029 m
1 mile=320 rods=1.6093 ㎞

무게 (WEIGHT)
1 ounce=16 drams=28.35 g
1 pound=16 ounces=453.59 g
1 short ton=2000 pounds=907.185 kg
1 long ton=2240 pounds=1016.05 kg

액량 (LIQUID)
1 gill=0.1183 l
1 pint= 4 gills= 0.4723 l
1 quart=2 pints=0.9464 l
1 gallon=4 quart=3.7853 l

건량 (DRY)
1 pint=0.5506 l
1 quart=2 pints =1.1012 l
1 peck= 8 quarts=8.8096 l
1 bushel= 4 pecks=35.2383 l

넓이 (SQUARE)
1 square inch=6.452㎠
1 square foot=144 square inches=929.0 ㎠
1 square yard=9 square feet=0.8361 ㎡
1 square rod=30.25 square yards =25.29 ㎡
1 acre=160 square rods=0.4047 ha
1 square mile=640 acres=2.590 ㎢

부피 (CUBIC)
1 cubic inch=16.387 ㎤
1 cubic foot=1,728 cubic inches=0.0283 ㎥
1 cubic yard=27 cubic foot=0.7646 ㎥
섭씨(℃) = 화씨(℉) - 32 ÷ 1.8

쇼핑 목록 (Shopping List)

한국어	English	발음
육류	Meats	미츠
청과류	Fresh fruits	프레쉬 프룻츠
생선과 해산물	Fish and seafood	퓌쉬 앤 씨푸-드
농산물	Produce	프로듀스
유제품	Dairy products	데어리 프로덕스
곡류	Cereal	시리얼
냉동식품	Frozen food	프로즌 푸-드
향신료	Spices	스파이시스
청량음료	Soft drinks	소프트 쥬링스
욕실용품	Toiletries	토일리츄리스
가정용품	Household goods	하우스호울드 구스
문방구류	Stationery, School supplies	스테이셔너리, 스쿨 서플라이즈
주류	Liquor	리쿼
의류	Clothing	클로딩
건강식품	Diet food	다이어트 푸-드

Shopping List

전화 · 우편

1. 전화 186
2. 국제전화 190
3. 우편 194

① 전화

미국의 공중전화에서 사용할 수 있는 주화는 5, 10, 25센트. 요금은 지역에 따라 다르지만 로스앤젤레스는 20센트, 샌프란시스코·뉴욕은 25센트.

시내에서는 수화기를 들고 기본요금을 넣은 후 상대의 전화번호를 누른다. 시외인 경우에는 먼저 1을 누르면 직통이 된다. 교환을 부르고 싶을 때는 10센트를 넣고 0을 누르고, 상대의 전화번호와 이름, 자신의 이름을 알려 준다. 교환이 최초 1분 또는 3분의 통화요금을 알려 주면 그 금액을 넣는다.

1. 공중전화는 어디 있습니까?
Where is the public phone?
웨어 이즈 더 퍼블릭 포운

2. 얼마를 넣어야 합니까?
How much shall I put in?
하우 머취 쉘 아이 푸린

3. 돈을 먼저 넣어야 합니까?
Shall I put a coin in first?
쉘 아이 푸러 코인 인 풔스트

4. 미안하지만 잔돈이 없는데요.
I'm sorry, I don't have any small change.
아임 쏘오리 아론 해브 애니 스모올 췌인쥐

5. 전화번호부는 있습니까?
Is there a telephone directory?
이즈 데어 어 텔레포운 디렉토뤼

6. 프라자 호텔의 전화번호를 알고 싶습니다.
I'd like to know the number for Plaza Hotel.
아이드 라익 투 노우 더 넘버 포 플라자 호텔

7. 전화 거는 법을 모릅니다.
I don't know how to make a phone call.
아론 노우 하우 투 메이커 포운 콜

8. 토니 있습니까?
Tony in? (Is Tony there?)
토니 인(이즈 토니 데어)

9. 토니입니다.
Tony speaking.
토니 스삐킹

10. 578호의 이 선생님을 부탁합니다.
I'd like to talk to Ms. Lee, room number 578.
아이드 라익 투 톡 투 미즈 리 룸 넘버 퐈이브세븐에잇

11. 여보세요. 유나이티드 항공입니까?
Hello. Is this United Airlines?
헬로우 이즈 디스 유나이릿 에어라인즈

12. 네스 씨 댁입니까?
Hello. Is this Mr. Ness's?
헬로우 이즈 디스 미스터 네스

13. 연결해 주시겠습니까?
Could you connect me, please?
크쥬 커넥트 미 플리이즈

187

14. 이 선생님께 메시지를 남길 수 있습니까?
Can I leave a message for Ms. Lee?
캐나이 리-버 메시쥐 포 미즈 리

15. 홍에게서 전화가 왔었다고 전해 주십시오.
Please tell her that Hong called.
플리이즈 텔 허 댓 홍 코올드

16. 통화중입니다.
The line is busy.
더 라인 이즈 비지

17. 좀 크게 말해 주십시오.
Please speak a little louder.
플리이즈 스삐익 어 리를 라우더

18. 나중에 다시 걸겠습니다.
I'll call again later.
아일 콜 어겐 레이러

통화의 종류 Tip

○ **번호통화 (Station-to-station Call)**
전화를 받는 사람이 정해져 있는 경우나 아무나 받아도 되는 경우. 상대방의 전화번호만을 지정.

○ **지명통화 (Person-to-person Call)**
특정인하고만 통화하고자 하는 경우. 상대의 전화번호와 이름을 지정.

○ **콜렉트콜 (Collect Call)**
받는 쪽에서 요금을 낸다고 하면 통화할 수 있다.

○ **국제 다이얼 통화 (International Direct Dialing)**
외국어를 사용하지 않고 호텔 방 등에서 직접 걸고 싶은 경우. 공중전화에서는 International이라는 표시가 있는 경우.

미국내의 통화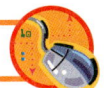

국내통화

같은 도시내에서의 통화는 상관없지만 시차가 4시간 이상이므로 장거리 전화를 걸 때는 상대방의 시간을 확인한 후에 한다.

시내통화

공중전화나 호텔 객실에서 교환원을 통하거나 직접 다이얼을 돌려 거는 방법이 있다. 미국전화의 특징은 공중전화의 기본요금이 곳곳에 따라 다르다는 점. 거는 방법은 한국에서와 같다. 호텔 객실에서 걸 경우에는 숙박호텔의 지정외선번호(Local Call, 대부분의 호텔이 9번)를 눌러 신호가 떨어진 다음에 상대방 전화번호를 누르면 된다. 그러나 수수료를 가산하는 호텔이 많다.

시외통화

공중전화를 이용하여 시외전화를 할 경우, 먼저 25센트를 넣고 다이얼 0번을 누르면 교환원이 나온다. 상대방의 이름과 전화번호를 알려주면 기본요금을 알려준다. 그 요금을 투입구에 넣어야 통화가 가능. 기본요금이 다 되면, 통화도중에 다시 교환원이 나와 지정요금을 투입하라고 안내한다. 교환원을 통하지 않고 직접 걸 경우에는 시외지역번호 1을 누르고 계속해서 상대방의 지구번호와 집 전화번호를 누른다. 호텔 객실에서는 0번을 눌러 교환원이 나오면 부탁거나 직접 걸 경우는 호텔의 지점 외선번호를 누른 다음, 상대방 번호를 누른다.

수신자 부담전화 '1-800'

한국의 080에 해당하는 전화(Free Dial)로 항공회사, 렌터카 회사 등에 준비되어 있다.

영국의 공중전화

공중전화는 동전과 카드식의 두 가지. 전화카드는 신문 판매대나 일반 상점에서 구입할 수 있다. 시내 기본 요금은 10펜스이다. 영국의 국가번호는 44이며, 신용카드로 공중전화 이용이 가능하다. (교환 연결 : 100/비상시 : 999) 공항에는 시외전화는 물론 국제전화가 가능한 공중전화기도 있다. 호텔 객실에서의 국제통화료는 매우 비싸므로 공중전화를 이용하는 것이 더욱 경제적이다.

② 국제전화

외국에서 국제전화를 거는 방법은 4가지. 요금이 적은 순서대로 적어 보면 국제 다이얼 통화(교환을 통하지 않는 직통전화), 번호통화(스테이션 콜), 지명통화(퍼슨 투 퍼슨), 콜렉트 콜(수신자 부담 통화). 상대 국가의 시차를 고려해서 전화할 것.

1. 이 전화로 국제전화를 걸 수 있습니까?
Can I make an international call on this phone?
캐나이 메이컨 이너내셔널 콜 언 디스 포운

2. 국제전화를 걸고 싶습니다.
I'd like to make an international phone call.
아이드 라익 투 메이컨 이너내셔널 포운 콜

3. 서울에 번호통화를 부탁합니다.
I'd like operator assistance to call to Seoul.
아이드 라익 오퍼레이러 어시스턴스 투 콜 투 서울

4. 지역번호는 02입니다.
The area code is 02.
디 에어리어 코우드 이즈 오우 투

5. 번호는 1234-5678입니다.
The number is 1234-5678.
더 넘버 이즈 원투뜨리포 퐈이브씩스 세븐 에잇

6. 지명통화로 부탁합니다.
I'd like to call person to person call.
아이드 라익 투 콜 퍼-슨 투 퍼-슨 콜

7. 콜렉트콜로 서울 02-1234-5678을 불러 주십시오.
Collect call to Seoul 02-1234-5678, please.
컬렉트 콜 투 서울 오우투 원투뜨리풔 퐈이브씩스세븐에잇 플리이즈

8. 통화가 끝나면 요금을 알려 주십시오.
After I finish, please tell me how much it costs.
애프터 아이 퓨니쉬 플리이즈 텔 미 하우 머취 잇 코스츠

9. 통화가 끊겼습니다.
I was cut off.
아이 워즈 커러프

10. 다시 연결해 주시겠습니까?
Could you please reconnect me?
크쥬 플리이즈 리코넥트 미

11. 국제전화 교환을 연결해 드리겠습니다.
I'll connect you with the international operator.
아일 커넥트 유 위더 이너내셔널 오퍼레이러

12. 일단 수화기를 놓고 기다리십시오. 나중에 전화 드리겠습니다.
Please hang up. I'll call you later.
플리이즈 행업 아일 콜 유 레이러

13. 신청한 국제전화는 아직 연결되지 않았습니까?
I tried to place an international call. Did you get through yet? 아이 츄라이드 투 플레이스 언 인너내셔널 콜 디쥬 겟 쓰로우 옛

14. 연결하려 했지만 통화중입니다.
I've tried, but the line is busy.
아이브 츄라이드 벗 더 라인 이즈 비지

15. 다시 한 번 걸어 주십시오.
Try again, please.
츄라이 어겐 플리즈

실용단어

시내전화	장거리전화	국제전화
local call 로우컬 콜	**long distance call** 롱 디스턴스 콜	**overseas call** 오버시즈 콜
직통전화	콜렉트 콜	지명통화
direct phone 다이렉트 포운	**collect call** 컬렉트 콜	**person to person call** 퍼-슨 투 퍼-슨 콜
번호통화	내선	전화번호
station call 스테이션 콜	**extension** 익스텐션	**telephone number** 텔레포운 넘버
지역번호	긴급전화	고장
area code 에어리어 코드	**emergency call** 이머전시 콜	**out of order** 아우러브 오더
교환	전화번호부	
operator 오퍼레이러	**telephone book** 텔레포운 북	

국제전화 식별번호

Sense Click!!

국제전화를 거는 요령
1. 한국의 국가 번호(82)
2. 한국의 시외국번(첫 자리의 0은 뺀다)
3. 거는 전화번호 (예) 미국에서 서울 02-721-7624로 걸 경우에는 001-82-2-721-7624가 된다.

국가	식별번호	국번호
한국	001	82
일본	001	81
미국	011	1
캐나다	011	1
호주	0011	61
영국	010	44
프랑스	19	33
이탈리아	00	39
스페인	07	34
그리스	00	30
스위스	00	41

국가	식별번호	국번호
독일	00	41
오스트리아	900 또는 00	43
이집트	00	20
인도	00	91
태국	001	66
인도네시아	00	62
말레이시아	007	60
홍콩	001	852
중국	00	86
대만	002	886

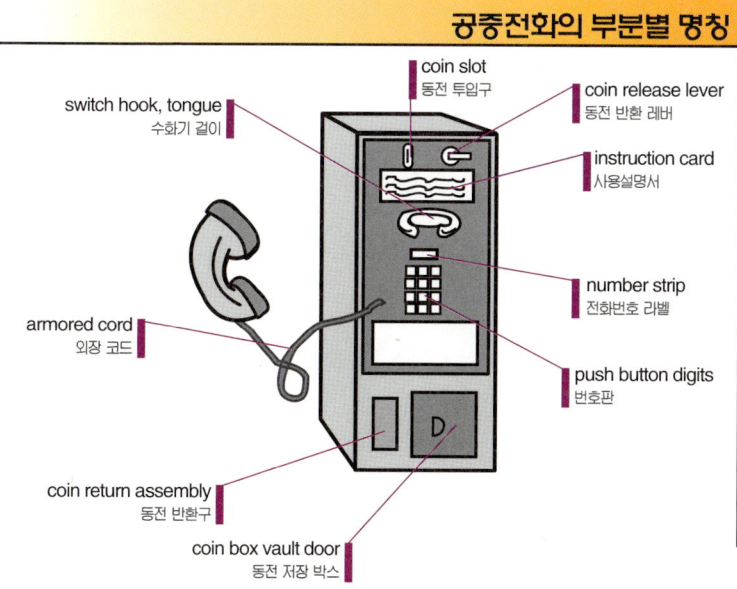

공중전화의 부분별 명칭

- coin slot / 동전 투입구
- switch hook, tongue / 수화기 걸이
- coin release lever / 동전 반환 레버
- instruction card / 사용설명서
- number strip / 전화번호 라벨
- armored cord / 외장 코드
- push button digits / 번호판
- coin return assembly / 동전 반환구
- coin box vault door / 동전 저장 박스

③ 우편

그림엽서 한 장일지라도 여행지에서의 편지는 받는 사람을 기쁘게 해 준다. 호텔 방에 있는 엽서나 편지를 사용해서 간단히 편지를 보낼 수도 있다. 우표는 호텔 프론트에서 사거나 기념우표 등을 구입하고자 하는 사람은 우체국에 가 보는 것도 좋다. 주소를 쓸 때 한국으로 보내는 경우에는 한국어로 쓰고 마지막에 영어로 Seoul, KOREA라고 명기한다. 항공우편을 나타내는 AIR MAIL도 잊지 않도록.

우편엽서 ▶

1. 우체국(우체통)은 어디 있습니까?
Where is the post office(mailbox)?
웨어 이즈 더 포우스트 오피스(메일박스)

2. 우표(엽서)는 어디서 살 수 있습니까?
Where can I get stamps(postcards)?
웨어 캐나이 겟 스탬스(포우스트카-즈)

3. (호텔 프론트에서) 이 엽서를 부쳐 주시겠습니까?
Would you mail this postcard?
우쥬 메일 디스 포우스트카-드

4. 한국에 팩스를 보내고 싶습니다.
I'd like to send a fax to Korea.
아이드 라익 투 센더 팩스 투 코리아

5. 항공편(선편)으로 부탁합니다.
I'd like to send this by air(sea) mail.
아이드 라익 투 센디스 바이 에어(씨) 메일

6. 속달(등기우편)로 부탁합니다.
Express(Registered) mail, please.
익스프레스(레지스터드) 메일 플리이즈

7. 얼마나 걸립니까?
How long does it take?
하우 롱 더즈 잇 테이크

8. 이렇게 쓰는 게 맞습니까?
Is this written correctly?
이즈 디스 뤼튼 커렉틀리

9. 항공우편을 5장 주십시오.
Five aerograms, please.
퐈이브 에어뤼그램스 플리이즈

10. 중량 제한이 있습니까?
Do you have weight limits?
두 유 해브 웨잇 리밋츠

11. 이 소포에 보험을 들어 주십시오.
I'd like to insure this package.
아이드 라익 투 인슈어 디스 패키쥐

12. 이 소포를 착불로 보내 주십시오.
I'd like to send this package C.O.D.
아이드 라익 투 센디스 패키쥐 씨오디

13. 지급 전보로 부탁합니다.
I have to send a telegram in a hurry.
아이 해브 투 센더 텔레그램 이너 허뤼

14. 전보 쓰는 법을 잘 모릅니다.
I don't know how to write a telegram.
아론 노우 하우 투 롸이러 텔레그램

15. 이 소포를 한국으로 보내고 싶습니다.
I'd like to send this package to Korea.
아이드 라익 투 센디스 패키쥐 투 코리아

16. 내용물은 무엇입니까?
What are the contents?
왓 아 더 컨텐츠

17. 의류입니다.
These are clothes.
디즈 아 클로드즈

18. 세관신고서 용지를 주십시오.
Please give me a form for customs declaration.
플리이즈 김미 어 폼 포 커스텀즈 디클러레이션

19. 깨지는 물건이 있습니까?
Is there anything fragile?
이즈 데어 애니띵 프레좌일

20. 항공편입니까, 선편입니까?
Would you like to send this by sea mail or air mail?
우쥬 라익 투 센디스 바이 시메일 오어 에어 메일

21. 선편으로 보내면 한국까지 얼마나 걸립니까?
How long does it take to Korea by sea mail?
하우 롱 더즈 잇 테익 투 코리아 바이 씨 메일

주소 쓰는 법 Tip

O 편지 · 엽서

- 외국의 우표는 한국보다 큰 것이 많으므로 우선 엽서나 봉투에 붙이고 나서 편지를 쓰도록 한다.
- 자동판매기에서 우표를 사면 수수료가 들기 때문에 우체국에서 사는 것이 싸다.
- 한국으로 우송하는 경우에는 겉봉의 이름은 한국어로 써도 좋지만, 국명은 반드시 Seoul, Korea라고 영문으로 적을 것.
- 항공편인 경우에는 붉은 글씨로 AIR MAIL, 선편이라면 SEA MAIL이라고 쓴다. 속달인 경우에도 붉은 글자로 EXPRESS라고 써 넣을 것.

O 소포

- 보내는 사람의 주소는 작게 쓴다. 수취인은 한국어, 영어 어느 것으로 써도 좋다. 한국어로만 쓸 경우에도 국명은 반드시 영어로 Seoul, Korea라고 쓴다. 신문이나 잡지, 팜플렛 등 인쇄물만을 보낼 경우에는 PRINTED MATTER라고 쓰면 서적 소포로 취급하므로 저렴하게 보낼 수 있다. 파손되기 쉬운 물건이 들어 있으면 HANDLE WITH CARE(취급주의) 또는 FRAGILE(깨지는 것)이라고 눈에 잘 띄게 써 둔다.
- 항공편이면 AIR MAIL, 선편이면 SEA MAIL이라고 붉은 글자로 쓴다. 소포는 직접 우체국에 가지고 간다. 택배편인 경우에는 현지 영업소나 호텔 프론트에서 처리해 달라고 하면 된다. 요금 지불에 관해서는 C.O.D(Cash On Delivery)라고 한 마디.

실용단어

우체국	우체통	우표	소포
post office 포우스트 오피스	mailbox 메일 박스	stamp 스탬프	parcel 파아슬

우편엽서	봉투	등기우편	항공편
postcard 포스트카드	envelope 인벨로우프	registered mail 레지스터드 메일	air mail 에어 메일

선편	속달	전보	
sea mail 씨 메일	special delivery 스페셜 딜리버리	telegram 텔레그램	

우편물

1. 편지

From Oh Mi-ra
15 Graces Dr. San Francisco
CA 94133 USA

To 강현정
서울시 동작구 노량진 1동 157-62 15/8
Seoul, Korea

AIR MAIL

2. 엽서

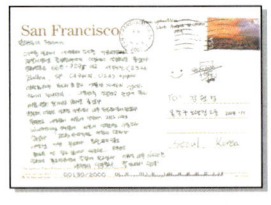

3. 소포

관광

1. 관광 안내소 200
2. 관광지 205
3. 사진 207
4. 미술관·박물관 209
5. 연극 213
6. 스포츠 관전 217

① 관광 안내소

여행지에서 그 나라 또는 거리의 여행정보를 얻으려면 공항 또는 시내에 있는 관광 안내소를 방문하는 것이 가장 편리하다. 그곳에서 호텔이나 레스토랑의 안내도 받을 수 있다. 각종 관광여행의 소개, 극장의 예약, 교통기관의 이용법 등 현지와 밀접한 정보를 얻을 수 있다. 무료 지도나 팜플렛도 준비되어 있으며 그외 여러 가지 여행자를 위한 상담도 해주고 있다.

1. 관광에 참가하고 싶습니다.
I'd like to join the tour.
아이드 라익 투 조인 더 투어

2. 관광 안내소는 어디입니까?
Where is tourist information?
웨어 이즈 투어리스트 인포메이션

3. 여기에서 관광여행을 신청할 수 있습니까?
Can I sign up for the sightseeing tour?
캐나이 사인 업 포 더 사잇씽 투어

4. 관광 안내서를 얻을 수 있습니까?
Can I get a tourist information guide?
캐나이 게러 투어리스트 인포메이션 가이드

5. 이 도시의 지도가 있습니까?
Do you have a map of this town?
두 유 해버 맵 어브 디스 타운

6. 한국어 가이드가 동행합니까?
Does a Korean speaking guide go with us?
더즈 어 코리언 스삑킹 가이드 고우 위더스

7. 가이드는 무슨 언어를 씁니까?
What language does the guide speak?
왓 랭기쥐 더즈 더 가이드 스삑

8. 이 도시에서 가장 멋진 관광지는 어디입니까?
What is the best place to visit in this town?
왓 이즈 더 베스트 플레이스 투 비짓 인 디스 타운

9. 한국어로 된 팜플렛 있습니까?
Do you have a pamphlet written in Korean?
두 유 해버 팜플렛 뤼튼 인 코리언

10. 어떤 관광이 있습니까?
What kind of tours are there?
왓 카인 어브 투어즈 아 데어

11. 어느 관광이 가장 재미있습니까?
Which tour is the most interesting?
위치 투어 이즈 더 모스트 인터레스팅

12. 이 관광에서는 어떤 명소를 구경합니까?
What kind of places do we visit on this tour?
왓 카인 어브 플레이시스 두 위 비짓 언 디스 투어

13. 하루 관광을 가르쳐 주십시오.
Tell me about the day trip, please.
텔 미 어바웃 더 데이 츄립 플리이즈

14. 하루 관광표를 살 수 있습니까?
Can I buy a ticket on the day of the tour?
캐나이 바이 어 티켓 언 더 데이 어브 더 투어

15. 5시간 코스에는 어떤 것이 있습니까?
What tours last about five hours?
왓 투어즈 래스트 어바웃 파이브 아워즈

16. 비버리 힐즈 관광은 있습니까?
Do you have a tour for Beverly Hills?
두 유 해버 투어 포 비벌리 히얼스

17. 야간 관광은 있습니까?
Do you have a night time tour?
두 유 해버 나잇 타임 투어

18. 배로 하는 관광은 있습니까?
Do you have any tours by ship?
두 유 해브 애니 투어즈 바이 쉽

19. 어디서 모입니까?
Where shall we meet?
웨어 쉘 위 밋

20. 몇 시에 해산합니까?
What time do we break up?
왓 타임 두 위 브레이크 업

21. 관광요금에는 식사요금도 포함되어 있습니까?
Are meals include in the tour price?
아 밀즈 인클루드 인 더 투어 프라이스

22. 관광 중에 자유행동을 할 수 있습니까?
Do we have any free time during the tour?
두 위 해브 애니 프리 타임 듀어링 더 투어

23. 쇼핑할 시간은 있습니까?
Do we have time for shopping?
두 위 해브 타임 포 샤핑

24. 요금은 한 사람당 얼마입니까?
What does it cost for one person?
왓 더즈 잇 코스트 포 원 퍼어슨

25. 내일 이 관광에 예약하고 싶습니다.
I'd like to make a reservation on this tour for tomorrow. 아이드 라익 투 메이커 레저베이션 언 디스 투어 포 투머로우

26. 시내 버스관광은 있습니까?
Is there a sightseeing tour bus for this town?
이즈 데어러 싸잇싱 투어 버스 포 디스 타운

27. 이 관광은 매일 있습니까?
Do you have this tour every day?
두 유 해브 디스 투어 에브리 데이

28. 정원은 몇 명입니까?
How many people can go?
하우 매니 피-플 캔 고우

29. 가장 짧은 관광은 몇 시간입니까?
How many hours does it take on the shortest tour?
하우 매니 아워즈 더즈 잇 테익 언 더 쇼우티스트 투어

30. 출발 시간은 몇 시입니까?
What time do we leave?
왓 타임 두 위 리-브

31. 이 관광에서는 점심은 어디서 먹습니까?
Where do we eat lunch on this tour?
웨어 두 위 잇 런취 언 디스 투어

32. 택시로 관광할 수는 있습니까?
Can I use a taxi for sightseeing?
캐나이 유즈 어 택시 포 싸잇싱

실용단어

시내지도	노선도	관광	유람선
town map 타운 맵	route map 루트 맵	sightseeing tour 싸잇싱 투어	sightseeing boat 싸잇싱 보우트
예약	집합시간	해산시간	장소
reservation 레저베이션	meeting time 미팅 타임	breaking time 브레이킹 타임	place 플레이스
점심제공	추천	관광 요금	반나절 관광코스
with lunch 위드 런취	recommendation 레코멘데이션	tour fare 투어 페어	half-day tour 해프 데이 투어
1일 관광코스	오전 관광	오후 관광	밤 관광
full-day tour 풀 데이 투어	morning tour 모오닝 투어	afternoon tour 앱터누운 투어	night tour 나잇 투어
관광 안내소		관광안내 팜플렛	
tourist information office 투어리스트 인포메이션 오피스		tourist information brochure 투어리스트 인포메이션 브로셔	

❷ 관광지

공원이나 박물관 등을 방문할 때에는 에티켓을 지킬 것. 특히 큰 소리로 떠들거나 전시물에 함부로 손을 대는 등 타인에게 불쾌감을 주는 행동을 삼가하고 주위에 빈축을 사는 행동은 하지 않는다.

1. 입장료는 얼마입니까?
How much is admission?
하우 머취 이즈 어드미션

2. 몇 시까지 개관합니까?
How late are you open?
하우 레잇 아 유 오픈

3. 여행객용 팜플렛은 있습니까?
Do you have a pamphlet for tourists?
두 유 해버 팸플릿 포 투어리스츠

4. 화장실은 어디입니까?
Where is the rest room?
웨어 이즈 더 뤠스트 룸

5. 볼 만한 재미있는 것들을 가르쳐 주십시오.
Please tell me the interesting things to see.
플리즈 텔 미 디 인터레스팅 띵즈 투 씨

6. 기념품점은 있습니까?
Are there any gift shops?
아 데어 애니 기프트 샵스

205

7. 가방들을 맡아 주시겠습니까?
Can you hold my bags?
캔 유 호울드 마이 백스

8. 아무나 들어갈 수 있습니까?
Is it OK for anybody to come in?
이즈 잇 오우케이 포 애니바리 투 컴 인

9. 내부를 견학할 수 있습니까?
Can I take a look inside?
캐나이 테이커 룩 인사이드

실용단어

입장료	수하물 임시보관소	팜플렛	
admission fee 어드미션 피	cloak 클로우크	brochure / pamphlet 브로셔 / 팸플릿	
입구	출구	기념품점	우편엽서
entrance 엔츄런스	exit 엑시트	souvenir shop 수버니어 샵	picture postcard 픽춰 포스트카-드
화장실	공중전화	택시정류장	버스정류장
rest room 뤠스트 룸	public telephone 퍼블릭 텔레포운	taxi stand 택시 스땐드	bus stop 버스 스탑
역 휴게소	안내소	매표소	
station 스테이션	lounge 라운쥐	information office / ticket office 인포메이션 오피스 / 티켓 오피스	
출입금지	가이드	무료	할인
off limits 어프 리밋츠	guide 가이드	free 프리	discount / reduction 디스카운트 / 리덕션

③ 사진

1. 여기서 사진을 찍어도 됩니까?
May I take pictures here?
메 아이 테익 픽춰스 히어

2. 플래시를 터뜨리지 않으면 괜찮습니다.
If you don't use the flash, it's OK.
이프 유 돈 유즈 더 플래쉬 잇츠 오우케이

3. 플래시와 삼각대는 사용금지입니다.
You are not allowed to use a flash and a tripod.
유 아 낫 얼라우드 투 유즈 어 플래쉬 앤 어 츄라이파드

4. 제 사진을 찍어 주시겠습니까?
Would you please take a picture of me?
우쥬 플리이즈 테이커 픽춰 어브 미

5. 여기에서 우리를 찍어 주시겠습니까?
Would you please take a picture of us from here?
우쥬 플리이즈 테이커 픽춰 어브 엇스 프롬 히어

6. 당신과 함께 사진을 찍어도 되겠습니까?
Can I take a picture with you?
캐나이 테이커 픽춰 위드 유

7. 셔터를 누르기만 하면 됩니다.
Just push the button.
줘스트 푸쉬 더 버튼

8. 저 장소를 배경으로 넣어 주십시오.
Please take a picture with that place in the background. 플리이즈 테이커 픽춰 위드 댓 플레이스 인 더 백 그라운드

9. 빨간 불이 들어오면 셔터를 눌러 주십시오.
When this red light comes on, please push the button. 웬 디스 뢰드 라잇 컴스 언 플리이즈 푸쉬 더 버튼

10. 컬러 필름 팝니까?
Do you have color film?
두 유 해브 컬러 피음

11. 몇 장 짜리를 원하십니끼?
What type of film would you like?
왓 타입 어브 피음 우쥬 라이크

12. 이런 종류의 건전지 있습니까?
Do you have this kind of battery?
두 유 해브 디스 카인 어브 배러뤼

13. 비디오를 찍어도 됩니까?
Can I videotape?
캐나이 비데오테입

14. 사진을 찍기에 적당한 장소는 없습니까?
Is there a good place to take a picture?
이즈 데어러 굿 플레이스 투 테이커 픽춰

미술관 · 박물관

미술관이나 박물관 등에서 사진을 찍으면 경비원이 주의를 주는 경우가 있다. 경우에 따라서는 필름을 압수당하는 일이 일어날 수도 있다. 사진을 찍고 싶을 때에는 촬영이 가능한지 먼저 확인한다. 또한 함부로 다른 사람에게 카메라를 들이대는 것은 매너에도 어긋나므로 주의한다.

1.
입장료는 얼마입니까?
What's the admission charge?
왓츠 디 어드미션 촤-쥐

2.
성인 2장 주십시오.
Two adults, please.
투 어덜츠 플리이즈

3.
휴게실(흡연실)은 어디입니까?
Where is the rest(smoking) area?
웨어 이즈 더 뢰스트(스모우킹) 에어뤼어

4.
안내지도를 주십시오.
Please give me an information map.
플리이즈 김미 언 인풔메이션 맵

5.
안내해 주실 분은 있습니까?
Is there anyone who can guide us?
이즈 데어 애니원 후 캔 가이더스

6. 이 미술관(박물관)에는 어떤 작품이 있습니까?
What kind of museum is this?
왓 카인 어브 뮤지엄 이즈 디스

7. 이것은 누구 작품입니까?
Whose work is this?
후즈 워크 이즈 디스

8. 지금 무슨 특별한 전시를 하고 있습니까?
Do you have any special exhibitions now?
두 유 해브 애니 스페셜 엑써비션즈 나우

9. 관람길은 여기가 맞습니까?
Is this the correct way?
이즈 디스 더 커렉트 웨이

10. 이 작품은 언제 것입니까?
When was this work done?
웬 워즈 디스 워크 던

11. 폐관은 몇 시입니까?
When do you close?
웬 두 유 클로우즈

12. 휴관일을 가르쳐 주십시오.
Tell me what day it's closed.
텔 미 왓 데이 잇츠 클로우즈드

13. 봐야 할 작품이 있으면 소개해 주시겠습니까?
Can you recommend any special works I should see? 캔 유 레커멘드 애니 스페셜 웍스 아이 슈드 씨

14. 팜플렛은 있습니까?
Can I get a pamphlet, please?
캐나이 게러 팸플릿 플리즈

15. 매점에 있습니다.
You can get one at the shop.
유 큰 겟 원 앳 더 샵

16. 관내 관광은 있습니까?
Does this museum have a tour?
더즈 디스 뮤지엄 해버 투어

17. 한국어를 하는 분은 없습니까?
Is there anyone who speaks Korean?
이즈 데어 애니원 후 스삑스 코리언

18. 엽서는 있습니까?
Do you have post cards?
두 유 해브 포스트 카즈

19. 그것은 몇 시부터입니까?
What time does it start?
왓 타임 더즈 잇 스타-트

20. 시간은 얼마나 걸립니까?
How long does it take?
하우 롱 더즈 잇 테이크

미국의 3대 미술관

● **메트로폴리탄 미술관(뉴욕)**
여러 시대의 예술작품이 망라되어 있으며 질과 양에서도 세계적이다. 특히 고대 이집트 미술관, 유럽 회화 컬렉션은 굉장하다. 램브란트의「플로라」, 고야의「발코니의 마야」, 고흐의「사샴」, 다나의「대운하」등의 명화가 유명.

● **보스톤 미술관**
미국 제2의 미술관이고 특히 이집트 미술의 수집에 정평이 나 있다. 동양 미술 전시도 충실하다.

● **국립미술관(워싱턴 D.C)**
12~20세기 서양 미술의 컬렉션이 대단하다. 더구나 미국에서 유일하게 볼 수 있는 것으로 다빈치를 위시해서 달리, 라파엘로, 루벤스, 피카소, 르느와르 등의 거장들의 작품도 전시하고 있다. 또한 전시실에 있는 리플렛을 1부씩 받아서, 매점에서 바인더를 사서 묶어두면 훌륭한 목록을 만들 수도 있다.

21. 이 입장권으로 모든 전시를 볼 수 있습니까?
Can I see everything with this ticket?
캐나이 시 에브리띵 위디스 티켓

22. 오늘 입관 할인은 있습니까?
Do you have any discounts today?
두 유 해브 애니 디스카운츠 투데이

실용단어

입장료	개관 시간	폐관 시간	무료 팜플렛
admission fee	opening time	closing time	free brochure
어드미션 피	오프닝 타임	클로우징 타임	프리 브로셔
특별전	작품	작가	회화
special event	work	author / painter	painting
스페셜 이벤트	워크	오써 / 페인터	페인팅
조각	출토품	시대	
sculpture	excavated items	age / period	
스컬프춰	엑스커베이릿 아이럼즈	에이쥐 / 피어리어드	

5 연극

연극, 뮤지컬이라고 하면 뉴욕의 브로드웨이가 메카. 7번가와 교차하는 일명 타임즈 스퀘어를 중심으로 50개 이상의 극장이 모여 있다. 그 외에도 영화관, 상점, 레스토랑, 호텔 등이 밀집되어 있고 그 화려함은 뉴욕에서도 최고.

극장은 뮤지컬 전용인 대극장을 비롯하여, 코미디를 상연하는 작은 극장까지 여러 가지. 공연정보는 주간지인 "New York"나 일간지인 "Entertainment New Yorker"를 입수해서 볼 수 있다.

1. 근처에 연극 가이드는 있습니까?
Is there a theater guide around here?
이즈 데어러 씨어러 가이드 어라운드 히어

2. 케네디 센터는 어디입니까?
Where is John F. Kennedy Center?
웨어 이즈 존 에프 케네디 세너

3. 오늘 표 있습니까?
Are tickets available today?
아 티켓츠 어베일러블 투데이

4. 표는 어디에서 구입할 수 있습니까?
Where can I get a ticket?
웨어 캐나이 게러 티켓

5. 오늘 밤엔 어떤 것을 공연합니까?
What is showing this evening?
왓 이즈 쇼잉 디스 이브닝

6. "캣츠"를 공연하고 있습니까?
Is "Cats" playing?
이즈 캣츠 플레잉

7. 누가 출연하고 있습니까?
Who's in the play?
후즈 인 더 플레이

8. 제일 비싼(싼) 자리는 얼마입니까?
How much is the most expensive(cheapest) seat?
하우 머취 이즈 더 모우스트 익스펜시브(취피스트) 씨잇

9. 입석만 있습니다.
Standing room only.
스땐딩 룸 오운니

10. 가능하면 무대를 정면으로 볼 수 있는 자리를 부탁합니다.
I'd like a seat in front of the stage, if possible.
아이드 라이커 씨잇 인 프론트 어브 더 스테이쥐 이프 파서블

11. 팜플렛을 주십시오.
Can I have a pamphlet, please?
캐나이 해버 팸플릿 플리이즈

12. 몇 시에 시작합니까? / 몇 시 쯤에 끝납니까?
What time does it start? / What time does it finish?
왓 타임 더즈 잇 스타-트 / 왓 타임 더즈 잇 퓌니쉬

13. 지정석을 2장 주십시오.
Two reserved seats, please.
투 뤼저-브드 씨이츠 플리이즈

14. 몇 일(몇 시) 표가 있습니까?
For what day(time) are tickets available?
포 왓 데이(타임) 아 티켓츠 어베일러블

15. 이 자리까지 안내해 주시겠습니까?
Could you please take me to this seat?
크쥬 플리이즈 테익 미 투 디씨잇

16. "오페라의 유령"은 어디서 볼 수 있습니까?
Where can I see "Phantom of the opera"?
웨어 캐나이 시 팬텀 어브 디 아퍼러

17. 복장은 어떻게 해야 합니까?
What clothing shall I wear?
왓 클로딩 쉘 아이 웨어

18. 중간 휴게시간은 있습니까?
Is there any intermission?
이즈 데어 애니 이너미션

19. 다음 회는 몇 시에 시작합니까?
What time is the next showing?
왓 타임 이즈 더 넥스트 쇼잉

20. 예매권은 어디에서 살 수 있습니까?
Where can I get an advance ticket?
웨어 캐나이 게런 어드밴스 티켓

실용단어

극장	연극	오페라	뮤지컬
theater 씨어러	**play** 플레이	**opera** 아퍼러	**musical** 뮤지컬
발레	오케스트라	콘서트	프로그램
ballet 밸레이	**orchestra** 오케스트라	**concert** 칸서트	**program** 프로그램
지정석	자유석	입석	낮공연
reserved seat 리저브드 씨잇	**free seat** 프리 씨잇	**standing room** 스땐딩 룸	**matinee** 매트네이
매표소	영화	밤공연	
ticket office 티켓 오피스	**movie** 무비	**evening performance, soirée** 이브닝 퍼포먼스, 스와레	
정보지			
magazine / information brochure 매거진 / 인포메이션 브로셔			

극장 theater

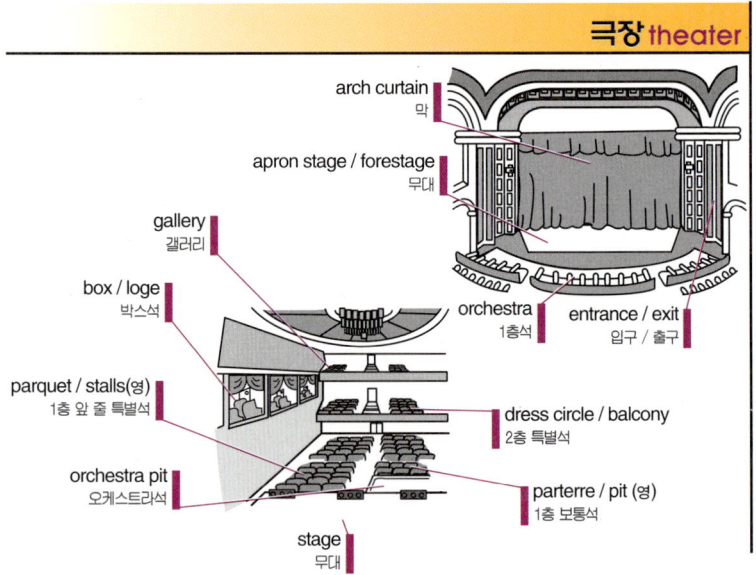

- arch curtain — 막
- apron stage / forestage — 무대
- gallery — 갤러리
- box / loge — 박스석
- orchestra — 1층석
- entrance / exit — 입구 / 출구
- parquet / stalls(영) — 1층 앞 줄 특별석
- dress circle / balcony — 2층 특별석
- orchestra pit — 오케스트라석
- parterre / pit (영) — 1층 보통석
- stage — 무대

❻ 스포츠 관전

1. 프로야구 경기를 보고 싶습니다.
   I'd like to see a pro baseball game.
   아이드 라익 투 씨 어 프로 베이스볼 게임

2. 야구경기가 오늘밤 있습니까?
   Is the baseball team playing here tonight?
   이즈 더 베이스볼 팀 플레잉 히어 투나잇

3. 아메리칸 풋볼 경기는 지금 있습니까?
   Are there any American football games in town now? 아 데어 애니 어메리컨 풋볼 게임스 인 타운 나우

4. 표를 살 수 있습니까?
   Can I get a ticket?
   캐나이 게러 티켓

5. 표는 어디에서 삽니까?
   Where can I get a ticket?
   웨어 캐나이 게러 티켓

6. 1루측 내야석을 주십시오.
   I'd like a seat on the first base side.
   아이드 라이커 씨잇 언 더 풔스트 베이사이드

7. 재미있는 경기가 있으면 가르쳐 주시겠습니까?
   Is there a good game playing anywhere?
   이즈 데어러 굿 게임 플레잉 애니웨어

8. 어떤 팀들이 경기하고 있습니까?
What teams are playing?
왓 팀-즈 아 플레잉

9. 축구 경기표는 당일 살 수 있습니까?
Can I get a soccer game ticket on the day of the game? 캐나이 게러 싸커 게임 티켓 언 더 데이 어브 더 게임

10. 장소를 가르쳐 주십시오.
Please tell me where it's playing.
플리이즈 텔 미 웨어 잇츠 플레잉

11. 경기는 몇 시부터입니까?
What time do they start?
왓 타임 두 데이 스타-트

테니스

1. 테니스 코트를 빌리고 싶습니다.
I'd like to use the tennis court.
아이드 라익 투 유즈 더 테니스 코어트

2. 테니스 코트는 얼마에 빌릴 수 있습니까?
How much to rent the tennis court?
하우 머취 투 뢴트 더 테니스 코어트

3. 사람 수에 따라 금액이 다릅니까?
Does the price depend on the number of people?
더즈 더 프롸이스 디펜드 언 더 넘버 어브 피-플

4. 라켓을 빌리고 싶습니다.
I'd like to rent rackets.
아이드 라익 투 뢴트 뤼킷츠

5. 한 코트면 됩니까?
Is one court enough?
이즈 원 코어트 이너프

6. 장비와 신을 빌릴 수 있습니까?
Can I rent equipment and shoes?
캐나이 뢴트 이큅먼트 앤 슈즈

7. 오전 10시부터 2시간 예약하고 싶습니다.
I'd like to make a reservation for two hours starting at ten o'clock. 아이드 라익 투 메이커 레저베이션 포 투 아워즈 스타-팅 앳 텐 어클락

골프

1. 골프하려면 예약을 해야 합니까?
Is it necessary to make a reservation to play golf?
이즈 잇 네세서뤼 투 메이커 레저베이션 투 플레이 골프

2. 골프를 하고 싶습니다.
I'd like to play golf.
아이드 라익 투 플레이 골프

3. 예약은 했습니까?
Did you make a reservation?
디쥬 메이커 레저베이션

4. 예약이 없으면 안 됩니다.
You can't play without a reservation.
유 캔 플레이 위다우러 레저베이션

5. 몇 시에 시작하면 좋습니까?
What time shall I start?
왓 타임 쉘 아이 스타-트

6. 한 명에 얼마입니까?
How much for one person?
하우 머취 포 원 퍼어슨

7. 그 가격에는 카트 요금도 포함되어 있습니까?
Is the golf cart included in the price?
이즈 더 골프 카트 인클루리드 인 더 프라이스

8. 장비를 한 벌 빌릴 수 있습니까?
Can I rent all the equipment?
캐나이 뢴트 올 더 이큅먼트

기타 스포츠

1. 보트를 빌려 주십시오.
I'd like to rent a boat.
아이드 라익 투 뤠너 보우트

2. 어디에서 신청합니까?
Where can I sign up?
웨어 캐나이 싸인업

3. 면허는 있습니까?
Do you have a license?
두 유 해버 라이센스

4. 장비를 빌려 쓸 수 있습니까?
Can I use the equipment?
캐나이 유즈 디 이큅먼트

5. 얼마입니까?
How much does it cost?
하우 머취 더즈 잇 코스트

6. 초보자가 참가할 수 있는 스쿠버 다이빙 교실은 있습니까?
Are there scuba lessons for beginners?
아 데어 스쿠버 레슨즈 포 비기너즈

7. 다이빙하기 적당한 장소를 가르쳐 주십시오.
Please tell me a good spot to dive.
플리이즈 텔 미 어 굿 스팟 투 다이브

8. 얼마나 깊습니까?
How deep is it?
하우 딥 이즈 잇

9. 하는 법을 모르는데 보여 주시겠습니까?
I don't know how to do it. Could you please show me?
아론 노우 하우 투 두 잇 크쥬 플리이즈 쇼우 미

10. 장비 사용법을 가르쳐 주십시오.
Please teach me how to use the equipment.
플리이즈 티치 미 하우 투 유즈 디 이큅먼트

11. 짐을 맡아주는 곳은 있습니까?
Is there some place safe to store my bags(stuff)?
이즈 데어 썸 플레이스 세이프 투 스토어 마이 백스(스터프)

실용단어

1루 스탠드	3루 스탠드	포수 뒷석	외야석
right stand	left stand	grand stand	outfield bleachers
롸잇 스탠드	레프트 스탠드	그랜드 스탠드	아웃필드 블리쳐스

미국의 국경일 (Holiday)

미국을 갈 때 반드시 고려해야 할 것이 국경일(National Holiday)이다. 국경일이 있는 날은 보통 쉬게 되어 있으나 Floating Holiday라고 해서 주중의 휴일을 주말이나 주초로 붙여 쉬는 경우도 있다. 또 Sandwich day(휴일이 화요일이나 목요일인 경우 월요일이나 금요일처럼 휴일에 끼어 있는 날)에도 쉬는 경우가 많다. 또 크리스마스나 추수감사절에는 1~2주 동안 휴가를 즐기는 경우가 많다.

설날	New Year's Day (1월1일)
흑인 운동가 마르틴 루터 킹의 날	Martin Lutter King's Day (1월 세째 월요일)
초대 대통령 워싱톤의 탄생일	Washington's Birthday (2월22일)
부활절	Easter Sunday (3월 하순~4월 상순)
현충일	Memorial Day (5월 마지막 월요일)
독립기념일	Independence Day (7월4일)
근로자의 날	Labor Day (9월 첫째주 월요일)
제대 군인의 날	Veterans Day (10월 첫째주 목요일 또는 11월11일)
추수감사절	Thanksgiving Day (11월 넷째주 목요일)
성탄절	Christmas Day (12월25일)

이밖에도 주에 따라 독자적인 휴일이 있다.

긴급사태

1. 분실·도난 224
2. 병원 229
3. 약국 237
4. 교통사고 238

① 분실 · 도난

돈이나 여권 등 귀중품이나 소지품을 도난당하거나 분실한 경우에는 반드시 경찰에 신고서를 제출할 것. 하물이 보험에 들어 있다면 경찰의 증명서가 필요하다. 가진 돈을 모두 잃어버려서 어찌할 방도가 없는 경우에는 한국대사관에 가서 상의한다. 가족과 연락해서 송금을 받을 수 있도록 하는 등 어떻게든 구조해 준다.

1. 도와 주십시오.
Can you help me?
캔 유 헤읍 미

2. 경찰을 불러 주십시오.
Please call the police.
플리이즈 콜 더 펄리스

3. 도둑이 들었습니다.
Somebody broke into my room.
썸바디 브로우크 인투 마이 룸

4. 도둑이야. 내 가방 돌려줘요!
That is the thief. Get my bag back, please!
댓 이즈 더 띠이프 겟 마이 백 백 플리이즈

5. 여권을 잃어버렸습니다.
I lost my passport.
아이 로스트 마이 패스포어트

6. 카메라를 두고 왔습니다.
I left my camera.
아이 레프트 마이 캐므러

7. 지갑을 도난당했습니다.
I had my purse stolen.
아이 해드 마이 퍼-스 스똘른

8. 신용카드를 도난당했습니다. 지급정지해 주십시오.
I had my credit card stolen, please cancel it.
아이 해드 마이 크레딧 카-드 스똘른 플리이즈 캔슬 잇

9. 한국어 할 줄 아는 분을 불러 주십시오.
I need somebody who understands Korean.
아이 니드 썸바디 후 언더스땐즈 코리언

10. 누가 좀 빨리 와 주십시오.
Please come immediately.
플리이즈 컴 이미디엇리

11. 경찰서는 근처에 있습니까?
Is there a police station close by?
이즈 데어러 펄리스테이션 클로우즈 바이

12. 한국대사관에 연락하고 싶습니다.
I'd like to contact the Korean embassy.
아이드 라익 투 컨택트 더 코리언 엠버씨

13. 어떻게 해야 할지 모르겠습니다.
I don't know what to do.
아론 노우 왓 투 두

14. 저 남자가 도둑입니다. 잡아 주십시오.
He's a thief. Stop him!
히즈 어 띠이프 스땁 힘

15. 너무 갑작스러워서 얼굴을 볼 수 없었습니다.
It was all of a sudden. So I didn't see their faces.
잇 워즈 올 어브 어 써든 소 아이 디든 씨 데어 페이시스

16. 장소는 킹 거리였습니다.
The place was King street.
더 플레이스 워즈 킹 스츄릿

17. 도난신고서는 어떻게 제출합니까?
How can I report a burglary to the police?
하우 캐나이 리포어트 어 버글러뤼 투 더 펄리스

18. 어디에서 잃었는지 잘 모르겠습니다.
I don't remember where I lost it.
아론 뤼멤버 웨어 아이 로스트 잇

19. 택시에 지갑을 두고 내렸습니다.
I left my wallet in a taxi.
아이 레프트 마이 왈릿 인 어 택시

20. 한국 대사관과 영사관 중 어디가 가깝습니까?
Which is closer from here the Korean embassy or consulate? 위치 이즈 클로우저 프롬 히어 더 코리언 엠버씨 오어 칸설럿

21. 여권을 재발행해 주십시오.
I'd like to have my passport reissued.
아이드 라익 투 해브 마이 패스포트 뤼이슈드

22. 여권 재발행에는 무엇이 필요합니까?
What do I need to reissue my passport?
왓 두 아이 니드 투 뤼이슈 마이 패스포어트

23. 재발행까지 얼마나 걸립니까?
How long does it take to have it reissued?
하우 롱 더즈 잇 테익 투 해브 잇 뤼이슈드

24. 서류를 받는 데는 2~3일 걸립니다.
It will take a couple of days to get the document.
잇 윌 테이커 커플 어브 데이즈 투 겟 더 다큐먼트

25. 방에 시계를 두고 왔습니다. 있는지 확인해 주시겠습니까?
I left my watch in the room. Could you check for it, please? 아이 레프트 마이 와취 인 더 룸 크쥬 체크 포 잇 플리이즈

26. 찾으면 연락해 주십시오.
If you find it, please call me.
이프 유 퐈인드 잇 플리이즈 콜 미

27. 연락처를 가르쳐 드리겠습니다.
I'll give you my number.
아일 기브 유 마이 넘버

28. 이 용지에 기입해 주십시오.
Fill in this paper, please.
퓔 인 디스 페이퍼 플리이즈

29. 보험 신청에 필요한데, 도난(분실)신고서를 주십시오.
I need to prove that it was stolen for the insurance.
아이 니드 투 프루브 댓 잇 워즈 스똘론 포 디 인슈어런스

실용단어

소매치기	경찰	파출소	도둑
pickpocket 픽파킷	police 펄리스	police box 펄리스 박스	thief 띠이프

경관	순찰차	한국대사관	
policeman 펄리스먼	patrol car 패츄롤 카아	Korean Embassy 코리언 엠버씨	

날치기	한국총영사		
bag-snatching 백 스내칭	Korean consul general 코리언 칸슬 제너럴		

재외공관의 여권 재발급

● **공통 구비서류**

여권발급신청서
여권용 사진 2매
여권 및 여권사본 1부(분실 재발급시 제외)

● **분실재발급 추가 서류**

분실사유서
분실신고확인서
공관 영사에게 신고시 : 담당 영사가 발행
현지 경찰서에 신고시 : 관할 경찰서 발행

● **훼손 재발급 추가 서류**

훼손사유서

● **만재(사증란 부족) 재발급 추가서류**

사유서

● **기타(성명, 생년월일, 주민등록번호) 재발급 추가서류**

변경 또는 정정사유서
증빙서류(호적등본 등)

② 병원

1. 의사를 불러 주십시오.
Please call a doctor.
플리즈 콜 어 닥터

2. 병원에 데려다 주십시오.
Please take me to the hospital.
플리즈 테익 미 투 더 하스피럴

3. 구급차를 불러 주십시오.
Please call an ambulance.
플리즈 콜 언 앰뷸런스

4. 급한 일이 일어났습니다. 누가 좀 빨리 와 주십시오.
It's an emergency. Please come quickly.
잇츠 언 엠버시 플리즈 컴 퀴클리

5. 진료소를 소개해 주시겠습니까?
Can you recommend a clinic?
캔 유 레코멘더 클리닉

6. 이 근처에 병원이 있습니까?
Is there any hospital close by?
이즈 데어 애니 하스피럴 클로우즈 바이

7. 진료소는 열려 있습니까?
Is there clinic open?
이즈 데어 클리닉 오픈

8. 진찰을 예약하고 싶습니다.
I'd like to make a reservation to see a doctor.
아이드 라익 투 메이커 레저베이션 투 씨 어 닥터

9. 한국어를 하는 의사를 찾아 주시겠습니까?
Can you find a doctor who speaks Korean?
캔 유 퐈인드 어 닥터 후 스벡스 코리언

10. 이제 진찰받을 수 있습니까?
Can I see the doctor yet?
캐나이 씨 더 닥터 옛

11. 가능하면 빨리 부탁합니다.
As soon as possible, please.
애즈 쑨 애즈 파서블 플리이즈

진찰을 받을 때

1. 체온을 쟀습니까?
Did you check your temperature?
디쥬 체크 유어 템퍼뤄춰

2. 아직 재지 않았습니다만 열이 높은 것 같습니다.
I didn't check yet. But I think I have a high temperature. 아이 디든 체크 옛 벗 아이 띵크 아이 해버 하이 템퍼러춰

3. 체온계를 입에 넣어 주십시오.
Put the thermometer in your mouth.
풋 더 써모미러 인 유어 마우쓰

4. 열은 섭씨 38.3도입니다.
The temperature is thirty-eight point three degrees.
더 템퍼러춰 이즈 떠리 에잇 포인트 뜨리 디그리스

5. 토할 것 같습니까?
Do you feel like throwing up now?
두 유 필 라이크 쓰로잉 업 나우

6. 두 번 토했습니다.
I threw up two times.
아이 쓰루 업 투 타임즈

7. 이런 증상은 언제부터입니까?
How long have you been sick?
하우 롱 해브 유 빈 씩

8. 지난 밤부터입니다.
Since last night.
신스 래스트 나잇

9. 색다른 걸 드셨습니까?
Did you eat anything unusual?
디 쥬 잇 애니띵 언유즈얼

10. 점심 때 먹은 날 것이 나빴는지도 모릅니다.
Maybe the raw food for lunch was bad.
메이비 더 로우 푸드 포 런취 워즈 배드

11. 여행을 계속할 수 있을까요?
Can I keep traveling?
캐나이 킵 츄레블링

12. 2~3일 안정해야 합니다.
You have to stay in bed for couple days.
유 해브 투 스떼이 인 베드 포 커플 데이즈

13. 그곳에 누워 (엎드려) 주십시오.
Please lay down on your face(back).
플리즈 레이 다운 언 유어 페이스(백)

14. 셔츠를 벗으세요.
Take off your shirt, please.
테이크 어프 유어 셔트 플리즈

15. 심호흡을 깊이 해 주십시오.
Take a deep breath.
테이커 디입 브레쓰

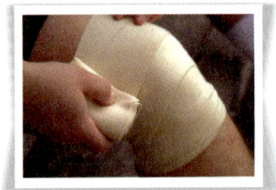

16. 대단치는 않습니다. 걱정하지 마세요.
It's no big deal. You don't have to worry about it.
잇츠 노우 빅 디일 유 돈 해브 투 워리 어바우 릿

17. 입원을 해야 합니다.
You have to check into a hospital.
유 해브 투 체크 인투 어 하스피럴

18. 수술해야 합니다.
You need an operation.
유 니드 언 아퍼뤠이션

19. 맹장을 잘라내야 합니다.
You have to have your appendix removed.
유 해브 투 해브 유어 어펜딕쓰 리무브드

20. 항생제는 사용하지 말아 주십시오.
Please don't use antibiotic medicine.
플리이즈 돈 유즈 앤티바이아릭 메러슨

21. 알러지 체질입니다.
I have an allergy.
아이 해브 언 앨러쥐

22. 완치까지 얼마나 걸립니까?
How long does it take to get over this?
하우 롱 더즈 잇 테익 투 겟 오버 디스

23. 소화가 잘 되는 것으로 드십시오.
You had better eat something that's easy to digest.
유 해드 베러 잇 썸띵 댓츠 이지 투 다이줴스트

24. 좀 좋아졌습니까?
Do you feel better?
두 유 필 베러

25. 그다지 변화가 없습니다. / 매우 좋아졌습니다.
Not really. / I feel much better.
낫 뤼얼리 / 아이 필 머취 베러

26. 진단서와 영수증을 주십시오.
Give me an official medical report and receipt.
김 미 언 오피셜 메디컬 리포어트 앤 리시-트

27. 해외여행 사고보험이 들어 있습니다.
I have overseas traveler's accident insurance.
아이 해브 오버씨즈 츄레블러즈 액씨던트 인슈어런스

증상을 설명할 때

1. 증상은 어떻습니까?
How do you feel?
하우 두 유 필

2. 여기가 아픕니다.
I feel pain here.
아이 필 페인 히어

3. 두통이 납니다.
I have a headache.
아이 해버 헤레익

4. 배가 몹시 아픕니다.
I have a very bad stomachache.
아이 해버 베리 배드 스토먹에익

5. 열이 높은 것 같습니다.
I think I have a high temperature.
아이 띵크 아이 해버 하이 템퍼러춰

6. 감기에 걸렸습니다.
I caught a cold.
아이 코옷 어 코올드

7. 계속 토합니다.
I can't stop throwing up.
아이 캔 스땁 쓰로잉 업

8. 아픕니다. (어지럽습니다.)
I feel sick.(dizzy.)
아이 필 씩(디지)

9. 기침이 납니다.
I have a cough.
아이 해버 코우프

10. 오한이 납니다.
I feel cold.
아이 필 코올드

11. 설사를 합니다.
I have diarrhea.
아이 해브 다이어뤼어

12. 콧물이 납니다.
I have a runny nose.
아이 해버 뤄니 노우즈

13. 목이 아픕니다.
My throat is sore.
마이 쓰로웃 이즈 쏘어

14. 앉아 있기도 힘듭니다.
I can't even sit.
아이 캔트 이븐 씻

15. 오른쪽 발목을 삔 것 같습니다.
I think I sprained my right ankle.
아이 띵크 아이 스프뤠인드 마이 롸잇 앵클

16. 벌에 쏘였는데 부은 것 같습니다.
I was stung by a bee. It looks really bad.
아이 워즈 스텅 바이 어 비 잇 룩스 뤼얼리 배드

17. 등과 배에 두드러기가 났습니다.
I've got a rash on my back and front.
아이브 가러 래쉬 언 마이 백 앤 프론트

18. 불에 데었습니다.
I burned myself.
아이 버언드 마이세얼프

19. 피가 납니다.
I'm bleeding.
아임 블리-딩

20. 영어로는 증상을 잘 설명할 수 없습니다.
I can't explain my symptoms in English so well.
아이 캔 익스플레인 마이 심텀즈 인 잉글리쉬 소우 웰

실용단어

의사	병원	구급차	내과의사
doctor 닥터	hospital 하스피럴	ambulance 앰뷸런스	physician 피지션
외과의사	부인과의사	치과의사	항생물질
surgeon 써전	gynecologist 가이니칼러쥐스트	dentist 덴티스트	antibiotic 앤티바이아릭
증상	치료	처방	
symptom 씸텀	treatment 츄릿먼트	prescription 프레스크립션	
종합병원	병명		
general hospital 제너럴 하스피럴	name of a disease 네임 오브 어 디지즈		

③ 약국

1. 처방전이 없어도 약을 살 수 있습니까?
Can I buy medicine without prescription?
캐나이 바이 메러슨 위다웃 프레스크립션

2. 두통약을 주십시오.
Give me a medicine for a headache, please.
김미 어 메러슨 포러 헤레익 플리즈

3. 감기약을 주십시오.
Give me a medicine for a cold, please.
김미 어 메러슨 포 어 코울드 플리즈

4. 이것이 처방전입니다.
This is a prescription.
디스 이즈 어 프레스크립션

5. 하루 몇 번 복용합니까?
How many times a day shall I take it?
하우 매니 타임즈 어 데이 쉘 아이 테이크 잇

6. 식전입니까, 식후입니까?
Before or after meals?
비포어 오어 애프터 미일즈

7. 부작용은 없습니까?
What are the side effects?
왓 아 더 사이드 이펙츠

④ 교통사고

교통사고가 났을 때 "I'm sorry."라고 말하는 것은 금물. 자신의 실수를 전부 인정하고 모든 책임을 지겠다는 뜻이 되기 때문이다. 특히 대인사고일 경우 자신에게 불리하게 해석될 말은 하지 않는 게 좋다.

사고 현장에서 해야 할 일은 3가지. 부상자 응급처치, 경찰에게 통보, 보험회사와 렌트카 회사에 연락. 경우에 따라서는 구급차를 불러야 할지도 모른다.

경찰서에서 사고증명을 받아 두는 것도 중요하다. 후일 법률분쟁으로 발전될 가능성도 있으므로 상대의 연락처, 면허증 등도 경찰관의 입회하에 확인해 둔다.

1. 사고가 났습니다!
I had an accident!
아이 해드 언 액씨던트

2. 뺑소니였습니다!
It was a "hit and run"!
잇 워즈 어 힛 앤 런

3. 차에 치었습니다.
I got hit!
아이 갓 힛

4. 구급차(경찰차)를 불러 주십시오.
Please call an ambulance(the police)!
플리이즈 콜 언 앰뷸런스(더 펄리스)

5. 움직일 수 없습니다.
I can't move.
아이 캔트 무브

6. 혈액형은 O형입니다.
My blood type is "O".
마이 블러드 타입 이즈 오우

7. 다리가 부러진 것 같습니다.
I think I broke my leg.
아이 띵크 아이 브로우크 마이 레그

8. 그 차가 갑자기 튀어나왔습니다.
The car suddenly came out!
더 카아 써든니 케임 아웃

9. 나는 잘못이 없습니다.
I wasn't wrong. It wasn't my fault.
아이 워즌 롱 잇 워즌 마이 포얼트

10. 나는 교통규칙을 지켰습니다.
I didn't break any traffic laws.
아이 디든 부뤠이크 애니 츄래픽 로즈

11. 갑작스러워서 상황을 파악할 수 없습니다.
I'm confused because it happened all of a sudden.
아임 컨퓨-즈드 비코우즈 잇 해픈드 올 어브 어 써든

12. 어떻게 하면 좋을지 모르겠습니다.
I don't know what to do.
아론 노우 왓 투 두

13. 장소는 플라워 스트리트의 맥도날드 앞이었습니다.
It was in front of McDonald's on Flower Street.
잇 워즈 인 프론트 어브 먹다널즈 언 플라우워 스츄릿

14. 렌트카 회사에 전화 부탁합니다.
Please call the rental car company.
플리즈 콜 더 렌털 카 컴퍼니

15. 보험에 들어있습니다. 보험회사에 연락해 주십시오.
I'm insured. Please contact the insurance company.
아임 인슈어드 플리즈 컨택트 디 인슈어런스 컴퍼니

16. 사고 신고서를 주십시오.
Please give me an accident report.
플리즈 김미 언 액씨던트 레포어트

17. 면허증과 여권입니다.
This is my driver's license and passport.
디스 이즈 마이 쥬라이버스 라이센스 앤 패스포어트

18. X-레이를 찍고 싶습니다.
I'm going to take an X-ray.
아임 고잉 투 테익 언 엑스웨이

19. 어디 아픈 데는 없습니까?
Do you have pain anywhere?
두 유 해브 페인 애니웨어

20. 특별한 이상은 없습니다.
There is nothing wrong.
데어 이즈 낫띵 롱

실용단어

충돌하다	긁히다	받히다	충돌되다
run against 런 어게인스트	scrape 스크뤠이프	be struck 비 스츄럭	be run against 비 런 어게인스트
치다	상처	보험	인명사고
be hit 비 힛	injury 인쥬어뤼	insurance 인슈어런스	human accident 휴먼 액씨던트
운전면허증	응급병원	사고증명서	
driver's license 쥬라이버스 라이센스	emergency hospital 이머전시 하스피럴	certificate of accident 써어티퓌케이트 어브 액씨던트	

병명 (Name of a disease)

현기증	dizziness	디지니쓰
폐렴	pneumonia	뉴모우니어
천식	asthma	에즈머
유행성 감기	flu	플루
고질병	chronic disease	크로닉 디지즈
소화불량	indigestion	인다이제스쳔
탈장	hernia	헤르니아
맹장염	appendicitis	어펜더사이티스
타박상	bruise	브루즈
식중독	food poisoning	푸드 포이즈닝
심장병	heart disease	하트 디지즈
고혈압	high blood pressure	하이 블러드 프레셔

긴급사태

의료

Sense Click!!

한국에서는 병을 모르고 살았다는 사람도 익숙하지 않은 이국 생활에서 몸의 균형을 잃기 쉽다. 대수롭지 않은 감기, 두통, 위장병 등에 대비해서 한국에서 약을 두세 가지 준비해 간다. 미국의 약국에서 파는 약이 나쁘기 때문이 아니라 미국에서 파는 약은 한국보다 지나치게 약효가 강해서 한국인에게 잘 맞지 않는 경우가 많기 때문이다. 휴식이나 약으로 증상이 회복되지 않는 경우나 지금까지 한 번도 나타나지 않았던 증상이 나타날 때는 즉시 진찰을 받도록 하자. 홈스테이를 하고 있는 경우는 먼저 호스트 패밀리와 의논하여 그 과정에서 이용하는 의사(주치의)를 소개받는 것이 좋다. 미국에서는 병이 나면 어떤 병이든 우선 주치의에게 진찰받는 의료 습관이 있으므로 의사와 치과 의사는 아는 미국인을 통해 소개받는 것이 가장 좋다.

혼자 살아서 상담할 사람이 없는 경우는 전화번호부 등에서 찾는다. 뉴욕, 로스앤젤레스 같은 대도시에는 한국인 전용 전화번호부가 있고, 한국인 의사나 한국어를 할 줄 아는 의사에 대한 안내도 나와 있다. 해외 여행 상해보험의 옵션 서비스에 한국어를 할 줄 아는 의사 서비스가 첨가되어 있는 경우도 있다. 가입자는 필요에 따라 24시간 체제로 한국어를 할 줄 아는 의사에게 전화로 안내와 구조 서비스를 받을 수 있다. 또 한국인 의사에게 진찰을 받으면 요금이 비싸다. 만일에 대비해서 가벼운 병이나 상처라도 커버할 수 있는 해외여행 상해보험에 가입해 두는 것이 좋다. 미국은 의약 분업이기 때문에 의사는 약을 주지 않는다. 의사가 써 준 처방전을 가지고 약국에 가서 약을 구입한다. 처방전을 메모 용지에 손으로 직접 써 주는 경우도 있으므로 휴지와 혼동하지 않도록 주의하자.

진찰 받는 방법
전화로 예약하고 찾아간다. 주치의 진찰실은 병원 분위기가 아니고 보통 사무실 같은 분위기라 긴장하지 않고 진찰을 받을 수 있다. 이때 전문적인 진찰이 필요하면 주치의가 전문의를 소개해 준다.

응급 상황
한밤중에 갑작스런 급성 맹장 등으로 주치의를 찾을 시간이 없을 경우는 망설이지 말고 911로 전화해서 구급차를 부르자. 그 즉시 병원 응급실로 실어다 준다. 단, 구급차는 유료이므로 나중에 100~200달러 정도의 청구서가 날아온다.

의료비 지불
보험에 가입한 사람은 진찰받을 때 보험증을 지참하고, 익사에게 필요사항을 기입해 달라고 하자. 보험회사에 따라 진찰과 입원 비용을 직접 의사에게 지불하는 경우(큰 사고일 경우)와 본인이 임시로 그 비용을 대신 지불하는 경우가 있다. 자신은 어느 경우에 속하는지 보험증을 잘 살펴볼 것. 병원비도 신용카드로 지불하는 경우가 많은데, 우선 자신이 지불하고 나서 보험회사에 청구하면 된다. 본인이 직접 지불시엔 영수증이나 진단서를 잘 챙겨야 한다.

의료 보험에 반드시 가입
미국은 의료비가 엄청나게 비싸다. 보험 없이 치료를 받는 경우, 하루 30분 정도 진찰받는 데 50달러도 더 든다. 맹장염으로 일주일간 입원하게 되면 1600~2400만원이나 든다. 보험에 가입하지 않은 사람은 늦게 진찰을 해 주거나 진찰을 거부하기도 한다. 미국은 한국처럼 국민 의료 보험제도가 아니기 때문에 미국인은 고액의 보험료를 지불하면서 의료보험에 가입되어 있다. 따라서 유학생은 유학을 가기 전에 반드시 해외여행 상해보험에 가입해야 한다. 현지의 학교에서 미국 의료보험을 소개해 주는 경우도 있긴 하지만 그래도 출발하기 전에 한국에서 미리 가입해 두는 편이 낫다. 유사시에 보험회사의 미국 현지 사무실에 있는 한국인이 문제를 처리해 준다.

귀국

예약 재확인 · 출국심사
.... 244

예약 재확인 · 출국심사

재확인(Reconfirmation)이란 항공권의 예약 재확인. 출발 72시간 전까지 하지 않으면 탑승할 의사가 없는 것으로 간주되어 예약을 취소당할 수도 있다. 예약 재확인은 현지 항공사의 카운터나 사무소에서 예약한 비행편 번호, 출발일, 성명을 알려 주면 그 자리에서 처리되고 전화로 해도 된다. 이것을 태만히 하거나 항공사의 처리 실수로 예약되지 않거나 하면 다시 예약을 해야 한다.

그 편에 빈자리가 있다면 괜찮지만 자리가 없는 경우에는 다른 편으로 바꿔 준다. 이 때에는 항공권에 새로운 비행편 번호와 출발일을 기재한 스티커를 부여 받고 재확인을 다시 해야 하는지도 알아둔다.

1. 예약 재확인을 하고 싶습니다.
I'd like to confirm my reservation.
아이드 라익 투 컨펌 마이 레저베이션

2. 비행편을 변경하고 싶습니다.
I'd like to change my flight.
아이드 라익 투 췌인쥐 마이 플라잇

3. 서울에서 예약해 두었습니다.
I made a reservation in Seoul.
아이 메이더 레저베이션 인 서울

4. 몇 일 몇 편을 예약했습니까?
Which flight did you reserve?
위치 플라잇 디쥬 리저-브

5. 내일 오전 323편 서울행입니다.
Flight number 323 to Seoul leaving tomorrow.
플라잇 넘버 뜨리투드리 투 서울 리-빙 투머로우

6. 언제 편으로 변경하고 싶습니까?
Which flight would you like to take?
위치 플라잇 우쥬 라익 투 테익

7. 오후 편으로 변경하고 싶습니다.
I'd like to take the afternoon flight.
아이드 라익 투 테이크 디 앱터누운 플라잇

8. 직행편은 빈 자리가 없습니까?
Is there anything available for the non-stop flight?
이즈 데어 애니띵 어베일러블 포 더 넌스땁 플라잇

9. 그 편을 부탁합니다.
That flight is fine.
댓 플라잇 이즈 퐈인

10. 꼭 오후 직행편에 타야 합니다.
I really need to take the non-stop flight in the afternoon. 아이 뤼얼리 니드 투 테익 더 넌스땁 플라잇 인 디 앱터누운

11. 좀 더 이른 편으로 좌석은 없습니까?
Is there any seats for an earlier flight?
이즈 데어 애니 씨잇츠 포 언 어얼리어 플라잇

12. 예약 취소를 몇 명이 기다리고 있습니까?
How many people are waiting for it now?
하우 매니 피-플 아 웨이링 포 잇 나우

13. 예약 취소가 있으면 알려 주십시오.
Please let me know if there is a cancelation.
플리이즈 렛 미 노우 이프 데어 이즈 어 캔슬레이션

14. 이름과 나이를 말해 주십시오.
May I have your name and your age?
메 아이 해브 유어 네임 앤 유어 에이쥐

15. 예약 재확인을 했습니다.
We've confirmed your reservation.
위브 컨펌드 유어 레저베이션

16. 탑승까지 얼마나 시간이 있습니까?
How long will it take before we board?
하우 롱 윌 잇 테익 비포어 위 보-드

17. 출발 시각을 확인해 두고 싶습니다.
I'd like to confirm the departure time.
아이드 라익 투 컨펌 더 디파춰 타임

18. 서울행 832편의 탑승구는 몇 번입니까?
What's the gate number for flight 832 to Seoul?
왓츠 더 게잇 넘버 포 플라잇 에잇뜨리투 투 서울

19. 몇 시까지 체크인하면 됩니까?
What time shall I check in?
왓 타임 쉘 아이 체크 인

20. 늦어도 1시간 전까지는 공항에 나와 주십시오.
We'd like you to come to the airport at least one-hour before. 위드 라이크 유 투 컴 투 디 에어포어트 앳 리-스트 원 아워 비포어

21. 서울행 252편은 예정대로 출발합니까?
Is there any change in the flight number 252 to Seoul? 이즈 데어 애니 췌인쥐 인 더 플라잇 넘버 투와이브투 투 서울

22. 출국카드가 필요합니까?
Do I need a departure form?
두 아이 니드 어 디파-춰 폼

23. 출국허가는 어디서 받습니까?
Where can I get a departure permit?
웨어 캐나이 게러 디파-춰 퍼-밋

24. 속에는 옷과 선물이 있습니다.
Just clothes and gifts are inside.
쥐스트 클로드즈 앤 기프츠 아 인사이드

25. 가지고 있는 돈은 300달러입니다.
I have 300 dollars with me.
아이 해브 뜨리 헌드렛 달러즈 위드 미

26. 면세 수속용지를 가지고 있습니다.
I have the paper for tax exemption.
아이 해브 더 페이퍼 포 텍스 이그젬션

27. 10월 25일 오전 11시 발 비행편에 예약됐습니다.
We reserved a seat for October the 25th leaving at eleven in the morning.
위 리저브드 어 씨잇 포 악토버 더 트웨니 퓌프쓰 리-빙 앳 일레븐 인 더 모-닝

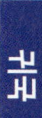

실용단어

항공권	airline ticket	에어라인 티켓
탑승권	boarding pass	보딩 패스
여권	passport	패스포트
탑승게이트	boarding gate	보딩 게이트
면세품	tax-free items	텍스 프리 아이럼즈
초과요금	extra fee	엑스추라 피
출국 로비	departure lobby	디파-춰 로비
면세 범위	within tax-free	위딘 텍스 프리
탑승 카운터	boarding counter	보딩 키아우너
출국	departure from a country	디파-춰 프롬 어 컨츄리

출입국신고서 ▲

출국 수속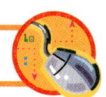

● **예약 재확인 (RECONFIRM)**
출발 72시간 전까지 전화 또는 항공사의 사무소에 예약을 재확인해 둔다.

● **공항 (AIRPORT)**

● **체크인 (CHECK-IN)**
항공사의 카운터에서 여권(passport), 항공권(ticket)을 제시하고 하물(baggage)을 맡기고, 탑승권(boarding card)과 하물인환증(claim tag)를 받는다. 국가에 따라서는 공항세(airport tax)를 지불하는 경우도 있다. 무료수탁하물(free baggage)에는 기내 반입 수하물(carry-on), 탁송하물(checked baggage)이 있다. 하물의 중량이 제한량을 초과한 경우에는 초과 수하물(excess baggage)이 되어 초과요금(excess charge)을 지불해야 한다.

● **세관 (CUSTOMS)**
현지통화의 반입액 이상의 반출은 금지되어 있다. 입국시의 소지금 신고와 출국시의 소지금을 검사하는 경우도 있으므로 주의할 것.

● **출국 수속**
세금환부 수속, 출국심사, 수하물 검사를 마치고 탑승구(Boarding Gate)로 간다.

입국 서류 작성과 입국절차

입국절차는 일반적으로 출국절차와 정반대로 생각하면 된다.

검역설문표 작성 ⇨ 검역(동·식물 검역포함) ⇨ 입국심사 ⇨ 수하물 회수 ⇨ 세관 검사 ⇨ 입국

출국시 신고한 세관 신고 용지 등을 다시 확인하여 꺼내기 쉬운 곳에 넣어두는 게 좋다. 항공기가 도착하면 승객은 자신의 휴대품이나 가방을 가지고 내려야 하며 GATE에 대기하고 있는 항공사 직원들의 안내를 받아 계단 및 에스컬레이터를 이용하여 입국장에 도착할 수 있다.

● **검역**
콜레라, 황열, 페스트 오염지역으로부터 입국하는 승객은 기내 승무원이 배부하는 검역설문표를 작성, 제출하고 여행 중 건강에 이상이 있는 사람은 검역관과 상의하며, 2주 이내에 설사, 복통, 구토 등의 증세가 있으면 가까운 검소나 보건소에 반드시 신고해야 한다.

● **입국 사열**
여권과 입국 신고서, 여행자 휴대품 신고서 등을 법무부 입국심사관에게 제출하고 입국심사인 날인을 받으면 된다.

● **BAGGAGE CLAIM AREAS**
입국신고를 마치면 승객은 입국장에서 컨베이어벨트 위의 안내판을 보고 항공편을 확인한 후 본인의 수하물을 찾으면 된다.

● **세관 검사**
수하물을 찾은 승객은 스스로 세관 검사대를 선택하여야 하는데 이 검사대는 면세검사대(GREEN CHANNEL)와 과세검사대(RED CHANNEL)로 구분된다. 여권과 여행자 휴대품 신고서를 제출하고 세관검사를 마치면 입국절차가 끝나게 된다.

Memo

핵심 단어 모음

Core Wordbook

Core Wordbook
핵심 단어 모음

가게	shop / store	샵 / 스토어
가까이	close	클로우즈
가다	go / advance	고우 / 어드밴스
가득 채우다	fill up	필 업
가디건	cardigan	카디건
가벼운 식사	light meal(snack)	라잇 미일(스낵)
가솔린	gasoline / petrol	개솔린 / 페트롤
가이드	guide	가이드
가죽	leather	레더
갈아타는 표	transfer ticket	츄랜스퍼 티켓
갈아타다	transfer	츄랜스퍼
개관 시간	opening time	오프닝 타임
개시 시간	playing time	플레잉 타임
개인	individual	인디비쥬얼
개인용품	personal effects	퍼스널 이펙츠
개장	opening	오프닝
개찰구	wicket / gate	위켓 / 게이트
거리(도로)	street(st.)	스츄릿
거스름돈	change	췌인쥐
겨자	mustard	머스터드
경관	policeman	펄리스먼
경치가 좋은	with a nice view	위드 어 나이스 뷰
계산	check	체크
계산서	bill	빌
고급의	high-grade	하이 그레이드
고기요리	meat food	밋 푸드

Core Wordbook

고속도로	express way	익스프레스 웨이
고장	broken down / trouble	브로큰 다운 / 츄러블
고체	solidity	솔리더티
공연	public performance	퍼블릭 퍼포먼스
공중전화	public telephone	퍼블릭 텔레포운
과일	fruit	프룻
관광	sightseeing	싸잇싱
관광 안내소	tourist information office	투어리스트 인포메이션 오피스
관광 요금	tour fare	투어 페어
관광버스	sightseeing bus	싸잇싱 버스
관광안내 팜플렛	tourist information brochure	투어리스트 인포메이션 브로셔
교차로	crossing	크로싱
교통사고	traffic accident	츄래픽 액씨던트
교환	operator	오퍼레이러
구급차	ambulance	앰뷸런스
구두	shoes	슈즈
구명조끼	life vest	라이프 베스트
국제운전면허	international driving license	이너내셔널 쥬라이빙 라이센스
국제전화	overseas call	오버시즈 콜
귀걸이	earrings	이어링스
귀중품	valuables	밸루어블스
극장	theater	씨어러
긁히다	scrape	스크뤠이프
금도금	gold plated	고울드 플레이티드
금연석	non-smoking seat	넌스모우킹 씻
급행열차	express train	익스프레스 츄레인
급행요금	express charge	익스프레스 촤-지
기간	term / period	텀 / 피어리어드
기내	on the plane	언 더 플레인

253

핵심 단어 모음

기내판매	sales on the plane	세일즈 언 더 플래인
기념품점	souvenir shop	수버니어 샵
기초화장품	foundation	퐈운데이션
긴	long	롱
긴 소매	long sleeve	롱 슬리-브
긴급전화	emergency call	이머전시 콜
길	way	웨이
깃	collar	칼러
꼭 맞는	just fit	쥐스트 핏

나이프	knife	나이프
난기류	turbulent air	터뷸런트 에어
난방	heating	히팅
날치기	bag-snatching	백 스내칭
낮공연	matinee	매트네이
내과의사	physician	피지션
내리다	get off	겟 어프
내선	extension	익스텐션
내의	underwear	언더웨어
냉방	air conditioning	에어 컨디셔닝
냉장고	refrigerator	리프리저레이러
노선도	route map	루트 맵
녹차	green tea	그린 티이
늦다	be late	비 레이트

다리미	iron	아이언
단체	party / group	파티 / 그루웁
닭고기	chicken 취큰
담배	cigarette	시거렛
대기시간	waiting time	웨이링 타임
대로	avenue	애버뉴
대합실	waiting room	웨이링 룸
대형차	large sized car	라아지 사이즈드 카아
더블	double	더블
더운	hot	핫
도둑	thief	띠이프
도로지도	road map	로드 맵
도착	arrival	어라이벌
돌다	turn	턴
돌아가다	go return	고우 리턴
동전	coin	코인
돼지고기	pork	포크
드라이어	drier	드라이어
드라이클리닝	dry cleaning	쥬라이 클리닝
드레스	dress	쥬레스
등기우편	registered mail	레지스터드 메일
디저트	dessert	디저어트
똑바로	straight	스츄레잇
라운드 넥	round-neck	라운드 넥
라운지	lounge	라운지
린스	hair conditioner / rinse	헤어 컨디셔너 / 린스
립스틱	lipstick	립스틱

255

핵심 단어 모음

마스카라	mascara	매스캐러
마요네즈	mayonnaise	메이어네이즈
마침	finishing	피니싱
만석	full seat	풀 씨잇
맛있는	delicious	딜리셔스
맞은편	opposite side	아퍼짓 사이드
매니큐어	nail enamel	네일 이네멀
매장	counter	카아운터
매표소	ticket office	티켓 오피스
맥주	beer	비어
맥주 안주	side dish for beer	사이디쉬 포 비어
멀리	far away	퐈 어웨이
멀미봉지	sickness bag	씩크니스 백
면세 범위	within tax-free	위딘 텍스 프리
면세품	tax(duty)-free items	텍스(듀티)프리 아이럼즈
모듬 땅콩	mixed nuts	믹스트 넛츠
모퉁이	corner	코너
모포	blanket	블랭킷
목걸이	necklace	네클리스
목적	purpose	퍼포즈
목적지	destination	데스티네이션
무늬	pattern	패턴
무료	free / no charge	프리 / 노우 차-쥐
무료 팜플렛	free brochure	프리 브로셔
물을 섞은	with water	위드 워터
뮤지컬	musical	뮤지컬

미용실	beauty parlor	뷰티 팔러
밀크 로션	milky lotion	밀키 로션

ㅂ

바지	pants	팬츠
반 소매	short sleeve	쇼엇 슬리-브
반나절 관광코스	half-day tour	해프 데이 투어
반입 금지품	prohibited articles	프로히비티드 아티클스
반지	ring	링
반환하다	return	리턴
받히다	be struck	비 스츄럭
발레	ballet	밸레이
발차	departure	디파-춰
밝은	bright	브라잇
밤 관광	night tour	나잇 투어
밤공연	evening performance, soirée	이브닝 퍼포먼스, 스와레
백금	platinum	플래티넘
백포도주	white wine	와잇 와인
백화점	department store	디파-트먼트 스토어
버번 위스키	bourbon whisky	버번 위스키
버스정류장	bus stop	버스 스탑
번호통화	station call	스테이션 콜
베개	pillow	필로우
벨트	belt	벨트
병	bottle	바틀
병명	name of a disease	네임 어브 어 디지즈
병원	hospital	하스피럴

핵심 단어 모음

보상금	compensation	컴펜세이션
보스턴 백	boston bag	보스턴 백
보습 크림	day cream	데이 크림
보통열차	local train	로우컬 츄레인
보험	insurance	인슈어런스
봉투	envelope	인벨로우프
부인과의사	gynecologist	가이니칼러쥐스트
부츠	high boots	하이 부츠
분실	loss	로스
분위기가 좋은	good atmosphere	굿 앳모스퓌어
브랜디	brandy	브랜디
브로치	brooch	브로취
브이 넥	V-neck	브이 넥
블라우스	blouse	블라우스
블럭	block	블록
비누	soap	소웁
비상계단	emergency stairway	이머전시 스테어웨이
비상구	emergency exit	이머전시 엑시트
비자	visa	비자
비행기표	airline ticket	에어라인 티켓
빈자리	vacant seat	베이컨트 씻
빌리다	rent	뢴트

사고	accident	액씨던트
사고증명서	certificate of accident	써어티퓌케이트 어브 액씨던트
사용료	fee	피이
산소마스크	oxygen mask	악씨전 매스크
상의	jacket	줴킷
상처	injury	인쥬어뤼
상표	brand	브랜드
생선	fish	피쉬
샤워실	shower court	샤워 코트
샴페인	champagne	샴페인
샴푸	shampoo	샴푸
서류가방	brief case	브리프 케이스
서비스료	service charge	서비스 촤-지
선물	gift	기프트
선편	sea mail	씨 메일
성냥	match	매취
세관	customs	커스텀즈
세관 신고서	customs declaration form	커스텀즈 디클러레이션 폼
세금	tax	텍스
세금 전 가격	price before tax	프라이스 비포어 텍스
세탁	cleaning / laundry	클리닝 / 런쥬리
셔츠	shirt	셔-트
소가죽	cowhide	카우하이드
소금	salt	솔트
소매없는 옷	without sleeves / sleeveless	위다웃 슬리브즈 / 슬리브리스
소매치기	pickpocket	픽파킷
소스	sauce	소스
소포	parcel	파아슬

259

핵심 단어 모음

소형차	compact sized car	컴팩트 사이즈드 카아
속달	special delivery	스페셜 딜리버리
쇠고기	beef	비프
숄더백	shoulder bag	쇼울더 백
수동변속차	manual car	매뉴얼 카아
수수료	commission	커미션
수수한	plain	플레인
수영장	swimming pool	스위밍 풀
수탁증(클레임택)	deposit receipt	디파짓 리씨트
수하물 사고 신고서	Property Irregularity Report	프로퍼티 이레귤레리티 레포트
수하물 임시보관소	cloak	클로우크
수하물(미)	baggage	배기쥐
수하물(영)	luggage	러기쥐
숙녀복	women's clothes	워먼즈 클로드즈
숙박자	guest / client	게스트 / 클라이언트
숙박지	staying place	스테잉 플레이스
순금	pure gold	퓨어 고울드
순찰차	patrol car	패츄롤 카아
술	liquor	리쿼
스웨터	sweater	스웨러
스카치 위스키	scotch whisky	스카치 위스키
스커트	skirt	스카트
스킨 로션	skin lotion	스킨 로션
스타킹	panty hose	팬티 호우즈
스페인요리	Spanish food	스패니쉬 푸드
스푼	spoon	스푼
습관성 약품	habitual use medicine	해비츄얼 유즈 메러슨
승무원	flight attendant	플라잇 어텐던트
승무원실/여객실	cabin	캐빈

시가	cigar	시거
시각표	timetable	타임테이블
시내버스	city bus	시티 버스
시내전화	local call	로우컬 콜
시내지도	town map	타운 맵
시대	age / period	에이쥐 / 피어리어드
시원한	cool	쿨
시작	start	스타트
시트	sheet	쉿트
식당	dining room	다이닝 룸
식당차	dining car	다이닝 카아
식물	plant	플랜트
식사	meal	미일
신고하지 않아도 되는 품목	no declaration items	노우 디클러레이션 아이럼즈
신문	newspaper	뉴스페이퍼
신사복	men's clothes	멘즈 클로드즈
신호등	signal	시그널
썬탠로션	sun-tan lotion	선탠 로션
썬탠오일	sun-tan oil	선탠 오일

아동복	children's clothes	칠드런즈 클로드즈
아이섀도우	eye shadow	아이 섀도우
아케이드	arcade	아케이드
악어 가죽	alligator	앨리게이러
안개	mist / fog	미스트 / 포그
안내소	information office	인포메이션 오피스

핵심 단어 모음

알람시계	alarm clock	얼람 클락
액체	liquid	리퀴드
야간열차	night train	나잇 츄레인
얇은	thin	띤
양말	socks	싹스
양복	suit(s)	수트(숫츠)
어두운/진한	dark	다크
얼룩 제거	removal of stains	리무벌 어브 스테인스
얼음	ice cubes	아이스 큐브스
얼음을 띄운	on the rocks	언 더 락스
엘리베이터	elevator / lift	엘리베이러 / 리프트
여권	passport	패스포어트
여행가방	suitcase	수트케이스
여행자 수표	traveler's check	츄래블러스 체크
역	station	스테이션
연극	play	플레이
연락처	contact address	컨텍트 어드레스
연료가 떨어지다	running out of gas	러닝 아웃 어브 개스
연착	delayed address	딜레이드 어드레스
연회장	banquet room	뱅큇 룸
영수증	receipt	리시트
영업시간	business hours	비즈니스 아워스
영업중	open	오픈
영화	movie	무비
옆	next	넥스트
예매권	advance ticket	어드밴스 티켓
예약	reservation	레저베이션
예약확인서	reserve confirmation	리저브 컨풔메이션
오늘의 요리	today's special	투데이스 스페셜

오른쪽	right side	롸잇 사이드
오전 관광	morning tour	모오닝 투어
오케스트라	orchestra	오케스트라
오페라	opera	아퍼러
오후 관광	afternoon tour	앹터누운 투어
와인	wine	와인
왕복	round trip	롸운드 츄립
외과의사	surgeon	써전
외야석	outfield bleachers	아웃필드 블리춰스
왼쪽	left side	레프트 사이드
요금	fare / rate	페어 / 뢰이트
요리	dish	디쉬
우체국	post office	포우스트 오피스
우체통	mailbox	메일 박스
우편엽서	picture postcard	픽춰 포스트카드
우표	stamp	스탬프
운동화	sneakers	스니커즈
운전면허증	driver's license	쥬라이버스 라이센스
운전자	driver	쥬라이버
위스키	whisky	위스키
위치(장소)	place	플레이스
유람선	sightseeing boat	싸잇싱 보우트
유료	charge / pay	차-쥐 / 페이
유료도로	toll road	톨 로드
유명한	famous	페이머스
유학	study abroad	스터디 어브로드
유효기간	validity	밸리디티
은행	bank	뱅크
음료	beverage	비버리쥐

핵심 단어 모음

음료수	drinking water	쥬링킹 워러
응급병원	emergency hospital	이머전시 하스피럴
의사	doctor	닥터
이륙	take-off	테이크 오프
이름표	name-plate	네임 플레이트
이어폰	earphones	이어포운즈
이탈리아요리	Italian food	이탈리언 푸드
인명사고	human accident	휴먼 액씨던트
일본요리	Japanese food	재패니즈 푸드
일상 생활용품	daily necessities	데일리 네세시티즈
임대계약서	rental agreement	렌틀 어그뤼먼트
입구	entrance	엔츄런스
입국	entry into a country	엔츄리 인투 어 컨츄리
입석	standing room	스땐딩 룸
입장 금지	keep out	킵 아웃

ㅈ

자동변속차	automatic car	오토매릭 카아
자동차	automobile	오토모빌
자동판매기	vending machine	벤딩 머신
자리 요금	cover charge	커버 촤-지
자유석	non-reserved seat	넌 리저-브드 씨잇
작가	author / painter	오써 / 페인터
작은	small	스모올
작품	work	워크
잔	glass	글래스
잡지	magazine	매거지인

Core Wordbook

장거리버스	long distance bus	롱 디스턴스 버스
장거리전화	long distance call	롱 디스턴스 콜
장소	place	플레이스
적당한	suitable	슈터블
적포도주	red wine	레드 와인
전문점	speciality store	스페셜리티 스토어
전보	telegram	텔레그램
전화번호	telephone number	텔레포운 넘버
전화번호부	telephone book	텔레포운 북
점심제공	with lunch	위드 런취
접시	plate	플레이트
젓가락	chopsticks	촵스틱스
정보지	information brochure	인포메이션 브로셔
정원	capacity	커페시티
정차	stoppage	스탑피쥐
조각	sculpture	스컬프쳐
조미료	condiments	컨디먼츠
조용한	quiet	콰이어트
조이는	tight	타이트
종합병원	general hospital	제너럴 하스피럴
좌석	seat	씨잇
좌석번호	seat number	씨잇 넘버
주류	liquor	리쿼
주스	juice	쥬스
주유소	gas station	개스 스테이션
주차	parking	파킹
주차장	parking lot	파킹 랏
중간층	mezzanine	메저닌
중국요리	Chinese food	촤이니즈 푸드

핵심 단어 모음

중형차	medium sized car	미디엄 사이즈드 카아
증상	symptom	씸텀
지갑(동전)	purse	퍼-스
지갑(지폐)	wallet	월릿
지명통화	person to person call	퍼-슨 투 퍼-슨 콜
지방요리	local food	로컬 푸드
지역번호	area code	에어리어 코드
지정석	reserved seat	리저브드 씨잇
지폐	bill / banknote	빌 / 뱅크노트
지하	basement	베이스먼트
지하철	subway	서브웨이
직통전화	direct phone	다이렉트 포운
직행버스	direct bus	다이렉트 버스
짐수레	cart	카-트
집합시간	meeting time	미팅 타임
짧은	short	쇼엇트

차내방송	announcement	어나운스먼트
차장	conductor	컨덕터
차종	type of cars	타입 어브 카아스
착륙	landing	랜딩
창측	window side	윈도우 싸이드
창측석	window seat	윈도우 씨잇
처방	prescription	프레스크립션
철도	railroad / railway	레일로드 / 레일웨이
청바지	jeans	진스

Core Wordbook

청소	cleaning	클리닝
초과요금	extra fee	엑스추라 피
최상층	top floor	탑 플로어
추운	cold	콜드
추천	recommendation	레코멘데이션
출구	exit	엑시트
출국	departure	디파-춰
출국 로비	departure lobby	디파-춰 로비
출발시간	departure time	디파-춰 타임
출입금지	off limits	어프 리밋츠
충돌하다	run against	런 어게인스트
치과의사	dentist	덴티스트
치다	be hit	비 힛
치료	treatment	츄릿먼트
치수	measure	메줘
침대요금	berth charge	버쓰 촤-지
침대차	sleeping car	슬리핑 카아
카운터	counter	키아우너
칸막이	compartment	컴파-트먼트
캔	can	캔
커피	coffee	커피
케찹	kechup	케첩
콘서트	concert	칸서트
콜렉트 콜	collect call	컬렉트 콜
큰	big / large	빅 / 라아쥐

핵심 단어 모음

타다	get on	겟 언
타이	tie	타이
탑승 카운터	boarding counter	보-딩 카아우너
탑승게이트	boarding gate	보-딩 게이트
탑승권	boarding pass	보-딩 패스
탑승시각	boarding time	보-딩 타임
택시정류장	taxi stand	택시 스땐드
테니스 코트	tennis court	테니스 코트
통과권	transit pass	츄랜짓 패스
통로석	aisle seat	아이얼 씨잇
통로측	aisle side	아이얼 싸이드
통화신고	currency declaration	쿼런시 디클러레이션
트렁크	trunk	츄렁크
특급열차	limited express	리미티드 익스프레스
특별요리	special dish	스페셜 디쉬
특별전	special event	스페셜 이벤트
티 세트	tea set	티셋
티 셔츠	T-shirt	티셔-트
팁	tip	팁

파손	damage	데미쥐
파출소	police box	펄리스 박스
팜플렛	brochure / pamphlet	브로셔 / 팸플릿

Core Wordbook

펑크	puncture / flat tire	펑춰 / 플랫 타이어
편도	one way	원 웨이
편지지	letter paper	레러 페이퍼
폐관 시간	closing time	클로우징 타임
포수 뒷석	grand stand	그랜드 스땐드
포크	fork	포크
폴로 셔츠	polo shirt	폴로 셔-트
표	ticket	티켓
표시	landmark / sign	랜드마크 / 사인
프랑스요리	French food	프렌취 푸-드

ㅎ

하이 힐	high heels	하이 히얼스
한국대사관	Korean Embassy	코리언 엠버씨
한국요리	Korean food	코리언 푸드
한국차	Korean car	코리언 카아
한국총영사	Korean consul general	코리언 칸술 제너럴
할인	discount / reduction	디스카운트 / 리덕션
항공권	airline ticket	에어라인 티켓
항공편	air mail	에어 메일
항생물질	antibiotic	앤티바이아릭
해산물요리	sea food	씨 푸드
해산시간	breaking time	브레이킹 타임
핸드백	handbag	핸드백
햄버거	hamburger	햄버거
향수	perfume	퍼퓸
헐렁한	loose	루-즈

핵심 단어 모음

현금	cash	캐쉬
홈	track	츄랙
홍차	tea	티이
화려한	flashy	플래쉬
화장실	rest room	뤠스트 룸
환율	rate	뤠이트
환전	exchange	익스췌인쥐
환전소	money exchange	머니 익스췌인쥐
회수권	coupon ticket	쿠폰 티켓
후추	pepper	페퍼
휴게소	lounge	라운쥐
흡연석	smoking seat	스모우킹 씨잇

이것만은 적어두자!!

여행자 정보

성 (Family Name)

이름 (First Name)

생년월일 (Date of Birth)

국적 (Nationality)

성별 (Sex)

나이 (Age)

직업 (Occupation)

주소 (Address)

연락처 (Tel. No.)

여권번호 (Passport No.)

비자번호 (Visa No.)

항공권번호 (Air Ticket No.)

항공권 편명 (Flight Name)

여행자 수표번호 (Traveler's Check No.)

Memo